Paul C. Reisser

Guten Morgen ohne Sorgen

Für müde und gestreßte Zeitgenossen

R. BROCKHAUS VERLAG WUPPERTAL UND ZÜRICH

Die amerikanische Originalausgabe
erschien unter dem Titel:
»Energy Drainers, Energy Fainers«

Deutsch von Silvia Lutz

Umschlaggestaltung: Carsten Buschke, Solingen
Umschlagbild: Michael Garland, The Image Bank, Düsseldorf
Satz: OLD-Satz digital, Oetjendorf
Druck und Bindung: Gorenjski tisk, Slovenija
ISBN 3-417-24126-X

INHALT

VORWORT

In seinem Buch »Das Burnout-Syndrom« (1989 erschienen im Springer-Verlag Berlin) geht Dr. Matthias Burisch (Psychologisches Institut der Universität Hamburg) den Gründen nach, die einen »dynamischen Studioleiter, den Probleme mit Mitarbeitern nie sonderlich gedrückt haben, nach der Übernahme einer weniger fordernden, besser bezahlten Position plötzlich selbstzweiflerisch, depressiv, ruhelos« werden lassen, »ohne daß mehr sichtbar wäre als ein paar Reibereien mit unterstellten Handwerkern. Warum entwickelt eine attraktive, beruflich unangefochtene Journalistin«, fragte er weiter, »nach einer Periode persönlicher Turbulenzen scheinbar zur Ruhe gekommen, eine kaum überwindbare Abneigung, morgens ins Büro zu gehen? Was läßt einen ehrgeizigen Abteilungsleiter, endlich zum stellvertretenden Generaldirektor aufgestiegen und designierter Nachfolger des amtierenden, Mitarbeiter mit Wutausbrüchen in die offene Rebellion treiben, bis er, bei hohem Tranquilizer-Verbrauch am Rande des physischen Ruins, von seinen Pflichten entbunden werden muß ...«

Vor diesen Fragen steht auch der praktische Arzt, der täglich mit erschöpften, ausgebrannten Patienten zu tun hat und helfen soll und will – doch wie?

Dr. med. Paul C. Reisser beschreibt hier seine Praxis-Erfahrungen. Sie spiegeln Erfolg und Mißerfolg wider. Er berichtet über Heilung von Streßfolgen und Umgang mit belastender Dauerbeanspruchung – privat und im Beruf – und fragt: Muß das alles sein? Und wenn ja: Wie gehen wir damit um?

Wir hoffen, Betroffenen mit diesem Buch eine Anregung zu geben, die eigene Situation neu zu sehen und – wenn möglich – zu verändern und damit einen gelassenen Umgang mit Belastungen und Ansprüchen zu ermöglichen.

Der Verlag

Wie die meisten nebenberuflichen Autoren schrieb ich dieses Buch in fast jeder freien Minute – am Tag, am Feierabend – nach einer kurzen Zeit mit meiner Familie, in der Nacht ... Während der letzten Wochen nahmen diese »freien Minuten« jedoch immer mehr Raum ein, und ich möchte an dieser Stelle meiner Frau und meinen beiden Kindern danken, die ziemlich oft auf mich verzichten mußten, bis das fertige Manuskript endlich im Briefkasten lag.

Dr. med. Paul C. Reisser

Teil I

Warum bin ich nur so müde?

1. Die Frage ohne Antwort

Die Telefone stehen nicht still: Menschen, die von der diesjährigen Grippewelle gebeutelt werden, bitten um Hausbesuche. Das Wartezimmer ist zum Bersten voll, und die Patienten müssen trotz des vereinbarten Termins eine dreiviertel Stunde warten. Bei Herrn Müller wurde gerade der Blutdruck gemessen und eine Warze entfernt. Das nahm nicht viel Zeit in Anspruch, und ich zähle im Geiste die Minuten zusammen, die ich aufholen könnte. Als das Gespräch sich dem Ende zuneigt, räuspert sich Herr Müller vernehmlich und spricht das Wort, das wir Ärzte am meisten fürchten: »Übrigens ...«

Denn dieses eine Wort leitet den tatsächlichen Grund für den Arztbesuch ein. Spannung baut sich auf. Worüber will Herr Müller wirklich sprechen? Irgendwo ungewöhnliche Schmerzen? Ein Ausschlag? Kopfschmerzen? Eine Frage über eine konkrete Krankheit wäre nicht so schlimm. Fieber, Schmerzen in der Brust oder eine Geschwulst, die ihm Sorgen bereitet, erregen die Neugier des Arztes; sie erzeugen bei ihm sogar einen kleinen Adrenalinausstoß, wenn es sich um etwas wirklich Interessantes handelt – besonders, wenn das Problem eindeutig zu bestimmen ist, und noch mehr, wenn man etwas dagegen unternehmen kann.[1]

Doch Herrn Müllers Frage betrifft keine besondere Krankheit, sondern das Leben – das tägliche Leben: »Warum bin ich nur tagein-tagaus so müde?«, und diese Frage läßt sich nicht in ein paar Minuten beantworten.

Georg, fünfundachtzig, hat sich gerade von einem Knochenbruch in der Hüfte erholt, der seinen zügigen Schritt in ein Schlurfen verwandelt hat.[2]

Er wohnt bei seinem Sohn und hat das große Glück, in einer Familienatmosphäre leben zu können und nicht in dem traurigen Getto eines Altenpflegeheimes. Doch nun löst eine Klage die andere ab:

»Ich fühle mich die ganze Zeit so unwohl.« – »Warum wird mir so schwindelig?« – »Ich wache mitten in der Nacht auf und kann nicht mehr einschlafen.« – »Können Sie mir nicht etwas geben, damit ich ein bißchen fitter werde?«

Vera, vierunddreißig, ist Mutter eines zwölfjährigen Kindes aus einer früheren Ehe und hat aus ihrer jetzigen drei Kinder unter fünf Jahren. Ihr Mann gibt ihr keinen besonderen Anlaß zu Klagen, die Rechnungen werden mehr oder weniger pünktlich bezahlt, und in der Familie ist niemand krank. Aber Vera findet morgens kaum aus dem Bett.

»Wenn ich morgens aufstehe, bin ich müder als abends, wenn ich zu Bett gehe.« – »Ich habe meinen Zuckerverbrauch eingeschränkt, aber das hilft auch nicht.« – »Irgend etwas stimmt bei mir nicht« – aber was?

Gerhard, achtunddreißig, fühlt sich seit ein paar Monaten von Tag zu Tag müder. Er lackiert in einem Karosserieteilewerk jeden Tag Autos und trinkt dabei normalerweise einen Sechserpack Bier. Seine Arbeit ist nicht so sehr das Problem, aber wenn er eine Treppe hinaufsteigt oder versucht, den Rasen zu mähen, fühlt er sich, wie wenn seine Batterie gerade leer gelaufen wäre. Wenn er sich eine kleine Weile ausruht, fühlt er sich wieder gut – bis er einen erneuten Versuch startet.

»Ich kann einen Jungen aus der Nachbarschaft dafür bezahlen, daß er meinen Rasen mäht, aber das Treppensteigen kann er mir nicht abnehmen.« – »Ich weiß, daß ich Bewegung brauche, aber gerade dann fühle ich mich am schlechtesten.« – »Meinen Sie, ich sollte weniger Bier trinken?«

Ja – was meint er wohl?

Claudia ist alleinerziehende Mutter zweier Söhne. Daneben arbeitet sie noch als Immobilienmaklerin und engagiert sich in der Schule und in ihrer Gemeinde. Ihr Tag beginnt um fünf Uhr morgens und endet siebzehn Stunden später, in denen sie ständig versucht, sowohl ihre Müdigkeit als auch ihre Kopfschmerzen, die wie eine Gewitterwolke auf ihr lasten, zu überwinden.

»Ich fühle mich erschöpft und ausgelaugt.« – »Nach wenigen Stunden Schlaf wache ich auf und kann die ganze Nacht nicht mehr einschlafen.« – »Eine Freundin von mir hat die Epstein-Barr-Virus-Infektion; ihre Symptome sind genau die gleichen wie bei mir ...«

Carola hat keine Kinder und bald auch keinen Ehemann mehr. Ihr Mann ist ausgezogen, und ihre Familie wohnt weiter weg. Sie besucht einen Stenographiekurs, aber darüberhinaus unternimmt sie nicht viel außer Haus und hat wenig Energie.

»Ich schlucke viele Vitamine, aber ich fühle mich trotzdem ausgelaugt.« – »Ich nehme nicht ab, aber ich finde mein Aussehen schrecklich.« – »Mein Psychiater hat mir geraten, mich untersuchen zu lassen, um sicherzustellen, daß keine körperliche Krankheit vorliegt.«

Tagtäglich haben wir Ärzte es mit Patienten zu tun, die als Hauptproblem unter chronischer Ermüdung leiden, selbst wenn sie daneben noch andere Beschwerden nennen.[3] Viel mehr Menschen, als man erwarten würde, kämpfen sich schon seit Wochen oder Monaten durch den Tag und hoffen, daß der morgige Tag ihnen mehr Energie bringen möge. Einige von ihnen suchen in den Rand- und Grenzbereichen des Gesundheitswesens eine Antwort und erwarten von exotischen Ernährungsplänen oder ungewöhnlichen Therapien eine Besserung. Ob reich oder arm, gestreßt oder gelangweilt, jung oder alt – der Patient, der sich wegen Müdigkeit zu einem Arztbesuch aufrafft, erlebt ihn wahrscheinlich ungefähr so[4]:

Der Arzt stellt Fragen über konkrete Symptome, untersucht den Patienten, ordnet Blut- und Urinuntersuchungen und andere Tests an. Wenn alles gesagt und getan, untersucht und ausgewertet ist, hört der erschöpfte Patient fast ausnahmslos den lang erwarteten Urteilsspruch: »Ich kann bei Ihnen nichts Ungewöhnliches feststellen.«

Für einige ist das eine gute Nachricht. Sie denken: Ein Glück! Keine Anämie, Hepatitis, Nierenkrankheit, kein Diabetes, kein Krebs und kein AIDS. Alpträume von quälenden Schmerzen, einer lebenslangen Behinderung und einem möglichen finanziellen Ruin werden nicht wahr. Danke, mein Gott. Danke, Herr Doktor. Jetzt kann ich weiterleben!

Bei anderen fällt die Reaktion genau gegenteilig aus. Sie seufzen und denken: So viel Zeit und Nerven vergeudet und immer noch keine Antwort. Was soll ich jetzt machen? Soll ich noch mehr Untersuchungen über mich ergehen lassen? Sollte ich einen zweiten Arzt zu Rate ziehen? Wenn er mir wenigstens Tabletten gegen diese Müdigkeit verschrieben hätte!

Eine kleine Zahl der müden Patienten bekommt eine andere Antwort zu hören: »Ich habe alle Befunde durchgesehen, und soweit ich es beurteilen kann, könnte es (dies oder das) sein ...«

Die Muskeln der Patienten spannen sich; und sie fragen: »Noch mehr Untersuchungen? Welche Untersuchungen? Sie wollen mich an welchen Arzt überweisen? Ist er Chirurg oder was? Muß ich das alles im Krankenhaus noch einmal über mich ergehen lassen?«

Einigen bedeutet die Diagnose einer greifbaren körperlichen Krankheit eine große Erleichterung. »Wenigstens habe ich mir das alles nicht nur eingebildet.«

Doch die meisten müden Menschen, die in den Praxen ihrer Ärzte Antworten suchen, verlassen diese ohne eine konkrete, behandelbare Diagnose – ein Ergebnis, das die einen beruhigend finden und andere frustrierend. Ob nun aber eine konkrete Diagnose gestellt wird oder nicht – Abhilfe hängt von den Erwartungen des Patienten und dem Einsatz des Arztes ab. Allzu oft bleibt kaum genug Zeit für mehr als die Zusicherung: »Was es auch ist, es ist nicht tödlich!« Denn selbst der engagierteste Arzt ist überfordert, wenn er weit über körperliche Ursachen hinaus andere Gründe für die chronische Müdigkeit finden soll. Dazu können der Arbeitsplatz, zwischenmenschliche Beziehungen, persönliche Gewohnheiten und geistliche Probleme gehören.

Der an Müdigkeit leidende Patient kämpft sich dann weiter durch jeden Tag und stolpert möglicherweise über eine Lösung, oder – was wahrscheinlicher ist – er findet sich in eine Routine, irgendwie mit dem Leben fertig zu werden. Vielleicht sucht er aber auch alternative Hilfen: Die Regale in den Buchläden biegen sich unter Büchern über Ernährungs- und Gymnastikpläne, die sowohl vernünftige als auch schlichtweg dumme Ratschläge verbreiten. Freunde und Verwandte warten normalerweise auch mit dem einen oder anderen Rat auf. Geschäfte in der Stadt bieten Diätpakete an. Therapeuten mit exotischen Behandlungsmethoden und zweifelhaftem Ruf stehen bereit, chronische Müdigkeit zu behandeln, und das normalerweise mit mehr Zeit und Teilnahme, als Schulmediziner sie aufzubringen vermögen.

Dieses Buch wurde für Menschen geschrieben, die immer noch auf der Suche nach neuer Kraft sind – besonders für diejenigen, deren Ärzte ihnen erklärt haben, daß sie eigentlich gesund seien, die sich aber trotzdem recht elend fühlen.

Dieses Buch nun ist kein Nachschlagewerk. Es will Sie informieren und Ihnen helfen, sich mit der eigenen Erschöpfung und Müdigkeit (oder der eines anderen) nüchtern auseinanderzusetzen. Es erhebt nicht den Anspruch, das letzte Wort über jede mögliche

Ursache für Ermüdung zu sagen. Ich schrieb es als eine Ergänzung zu den Ratschlägen, die Sie von Ihrem Arzt bekommen haben, der Sie besser kennt als ich. Wenn etwas, das Sie hier lesen, dem zu widersprechen scheint, was Ihr Arzt Ihnen gesagt hat, dann sprechen Sie mit ihm darüber. Denn ich schätze es auch nicht besonders, wenn der Rat, den ich einem Patienten mühsam dargelegt habe, zugunsten der letzten Weisheit aus dem Zeitschriftenkiosk oder vom TV-Berater vom Tisch gewischt wird.

Sie finden hier weder schnelle noch todsichere Lösungsvorschläge. Es ist ein Überblick über viele mögliche Energielecks und eine Anleitung, wie man diese Löcher flicken könnte. Es vollbringt sicher keine Wunder, nur weil es in Ihrem Bücherschrank steht. Es setzt keine Heilungsschwingungen durch eine besonders gesalbte Druckerschwärze frei. Was auch immer Ihnen neue Energie geben kann: Sie müssen aktiv daran mitarbeiten. Denn es genügt nicht, nur zu wissen, was man tun müßte. Die Auseinandersetzungen mit der harten Wirklichkeit oder Ihren persönlichen Konflikten kann schnell die besten Vorsätze und Absichten zunichte machen. Deshalb werde ich häufig auf das eine oder andere weit verbreitete Hindernis hinweisen, das nötigen Veränderungen im Weg steht.

Das Buch wurde von erschöpften Menschen angeregt und motiviert, die mit mir zusammen daran arbeiten, ihre Energieräuber und -spender herauszufinden. Immer wieder erlebe ich, daß Menschen frustriert sind, weil es so viele gute Ansatzpunkte gibt, sie aber so wenig Zeit haben. Ich muß mit ansehen, wie chronische Ermüdung Kreativität, Produktivität und Freude lähmt. Aber ich habe in keinem Buch die Perspektiven, die ich chronisch müden Menschen gern vermitteln möchte, gefunden. So wurde die Not zur Mutter vieler Stunden am Computer. Ich hoffe und bete, daß Sie aus dem Ergebnis Nutzen ziehen können.

2. Energie und Ermüdung – Grundlegende Prinzipien

Kaum erwarten können, bis es losgeht – vor Energie strotzen – aufgedreht sein – voll überschüssiger Kräfte stecken.

Geschlaucht – todmüde – erschöpft – ausgelaugt – fertig – Akku ist leer – völlig kaputt – down.

Diese Wortreihen stellen nicht unbedingt wissenschaftliche Definitionen dar, aber sie drücken lebhaft die Gefühle aus, die hinter den Worten Energie und Müdigkeit stecken. Für ein besseres Verständnis dieser Begriffe benötigen wir jedoch einige Definitionen und müssen auf ein paar spezielle Kategorien eingehen.

Der Duden definiert Energie als »Tatkraft; Fähigkeit, Arbeit zu leisten.« In der Physik kann Energie genau definiert werden; chemische, elektrische oder Atomenergie lassen sich mit entsprechenden Geräten messen. Doch die Energie eines Menschen können wir nicht messen. Wir können nur beobachten, was Menschen tun, und uns von ihnen schildern lassen, wie sie sich fühlen. Die Untersuchung menschlicher Energie und Erschöpfung ist daher eher beschreibend als statistisch meßbar.

Menschliche Energie bringen wir immer mit Aktivität in Verbindung. Das beste Beispiel dafür sind kleine Kinder. Bei einem Kind unter zehn Jahren trifft man sehr selten chronische Müdigkeit ohne eine körperliche Ursache an.

Es kann jedoch nicht höchstes Lebensziel sein, sich als ein Energiebündel darzustellen, schließlich kann ein Mensch als Krimineller, Gauner oder Psychotiker außerordentlich energiegeladen sein, wie auch als deren Gegenteil. Der Begriff selbst ist also wertfrei zu verstehen.

Die Bezeichnung Energie, besonders im Zusammenhang mit »Energieräubern« und »-spendern«, bezieht sich in diesem Buch auf das subjektive Wohlbefinden und die Fähigkeit zur Aktivität, wie sie oben definiert ist. Diese Vorstellung von Energie umfaßt die Gesamtheit der körperlichen, geistigen und geistlichen Gesundheit. Sie hat in keiner Weise etwas mit dem esoterischen Begriff der »universellen Lebensenergie« (wie bei Ch'i oder Prana) zu tun, die in vielen Praktiken der New Age-Medizin eine zentrale Rolle spielt. Menschen, die sich auf diesem »Psycho- und Wohlfühlmarkt« zu Therapien gegen ihre Müdigkeit verleiten ließen, sollten sich Klarheit über den Charakter und den Wert dieser Therapien verschaffen, und zwar sowohl auf wissenschaftlicher als auch auf biblischer Basis: Sie werden dann ernsthafte Zweifel anmelden. Meine Analyse dieser Methoden des Gesundheitswesens habe ich in *New Age Medicine*[5] 1988 veröffentlicht.

Müdigkeit ist körperliche, seelische und geistige Erschöpfung, die sich in verminderter Aktivität und Leistungsfähigkeit ausdrücken kann. Wenn jemand »müde« ist, kann das ein vorübergehendes Gefühl sein, das durch zu wenig Nachtschlaf entsteht; Müdigkeit kann aber auch durch eine ernsthafte Krankheit verursacht werden oder durch eine sonstige chronische Einschränkung des Lebens. Müdigkeit kann akut sein und mit einem konkreten Ereignis wie etwa einer langen Wanderung oder einer durchgearbeiteten Nacht zusammenhängen – solche Müdigkeit verschwindet durch Ruhe und Schlaf. Chronische Müdigkeit dagegen kann wochen- oder monatelang andauern – nach ihrem Verursacher kann man unter Umständen ebenso lange suchen.

Interessanterweise gehen viele Menschen, die angeben, sie seien chronisch müde, ihren täglichen Pflichten weiterhin nach – ob aus Gewohnheit, Notwendigkeit oder Selbstdisziplin: Sie erledigen, was getan werden muß, obwohl sie sich dabei krank fühlen. Andere, besonders Patienten mit einer körperlichen Krankheit, sind zeitweise nicht in der Lage, selbst die einfachsten Arbeiten zu verrichten. Wer unter einer schweren Depression leidet, kann infolge mangelnder Aktivität – hervorgerufen durch notwendige Medikamente – apathisch werden.

a) Verschiedene Arten von Müdigkeit

Man muß nicht Medizin studiert haben, um zu wissen, daß man müde ist (und wie lange man sich schon so fühlt), doch um die Ursachen herauszufinden und zu wissen, was man dagegen unternehmen kann, sind einige Untersuchungen nötig. Denn Müdigkeit ist nur ein Symptom und keine Diagnose. Wie es viele Arten von Kopfschmerzen gibt (Muskelverkrampfungen, Migräne, Nebenhöhlenentzündung usw.), so gibt es auch mehrere Arten von Müdigkeit, und es kommt vor, daß bei ein und derselben Person mehr als eine davon auftritt.

Körperliche Müdigkeit durch Krankheit. Wer einen Arzt aufsucht, um mit ihm über Müdigkeit zu sprechen, befürchtet fast immer, daß hinter dieser Müdigkeit irgendeine Krankheit stecken könnte. Jedoch wird nur bei einem geringen Prozentsatz dieser Patienten ein Hinweis dafür gefunden.[6] Müdigkeit aufgrund einer Erkrankung kann ein Arzt am leichtesten einordnen. In den nächsten Kapiteln untersuchen wir Krankheiten, die eine chronische Ermüdung auslösen können oder irrtümlich als Ursachen dafür gehandelt werden.

Körperliche Ermüdung durch Gewohnheiten oder den Lebensstil ist dagegen viel weiter verbreitet: Fettleibigkeit, ungesunde Eßgewohnheiten, wenig körperliche Betätigung, Schlafstörungen sowie die Folgen von verschreibungspflichtigen oder rezeptfreien Medikamenten und Suchtmittel sind häufige Gründe für Müdigkeit. Leider lassen sich die Folgen dieser Medikamente und Suchtmittel oft schwer abstellen. Kapitel 6 bis 9 befassen sich mit dieser Art von Müdigkeit.

Akute geistige und emotionale Erschöpfungszustände lassen sich normalerweise einem konkreten Ereignis zuschreiben: eine schwierige Hausaufgabe, das Ausfüllen der Einkommensteuererklärung, Packen für eine lange Reise, Verwandtenbesuch an Weihnachten und so weiter. Diese Ereignisse und die Ermüdung, die sie hervorrufen, sind fast immer auch durch sich selbst begrenzt: Danach geht alles wieder im gewohnten Rhythmus weiter. Ernstere Vorkommnisse, die in ihrer Dauer relativ kurz sind – der plötzliche Tod eines nahestehenden Menschen, ein Geschäftseinbruch oder eine Scheidung – haben sowohl unmittelbare als auch langfristige Folgen, die monate- oder jahrelang zu Müdigkeit führen können.

Depression:

Ermüdungserscheinungen sind häufig die erste Beschwerde eines unter Depressionen leidenden Patienten. Ob diese Depression nun mit äußeren Umständen zusammenhängt (reaktiv ist) oder mit inneren biochemischen Vorgängen (endogene Depression) oder eine Mischung aus beiden ist, spielt dabei keine Rolle. Depressionen können akut, chronisch oder immer wiederkehrend sein. Einige Ärzte behaupten, daß jede chronische Müdigkeit im Grunde mit einer Depression zusammenhänge, außer es gebe eine offensichtliche körperliche Ursache dafür.

Dieses Buch geht nicht von dieser Annahme aus. Sicher fühlen sich viele müde Menschen nach einer ärztlichen Behandlung ihrer Depression erheblich besser. Doch immer wieder übersehen Ärzte die geistlichen Dimensionen sowohl einer Depression als auch einer Erschöpfung. Energie und Müdigkeit eines Menschen können durch Konflikte, ungesunde Einstellungen und das direkte Eingreifen Gottes (oder seiner Feinde) tiefgreifend beeinflußt werden. Auf diese Punkte gehen wir in Kapitel 10 genauer ein.

Chronische geistige und emotionale Müdigkeit findet sich sehr häufig bei den Menschen, die eine ärztliche Untersuchung wünschen. Damit verbunden sind oft langfristige Konflikte oder Unzufriedenheit in zwischenmenschlichen Beziehungen, am Arbeitsplatz, mit den täglichen Lebensumständen. Sehr oft ficht jemand mit diesem Ermüdungstyp Kämpfe an mehreren Fronten gleichzeitig aus, etwa wenn verbalen Schlachten am Arbeitsplatz vielleicht abends zermürbende Grabenkämpfe zu Hause folgen. Damit befassen wir uns in den Kapiteln 11 und 12.

b) Grundlegendes über Müdigkeit

Viele Menschen, die chronisch müde und erschöpft sind, zerbrechen sich tagsüber oder in schlaflosen Nächten viele Stunden lang den Kopf über die möglichen Ursachen ihres Problems. Viele warten mit vernünftigen Ursachen auf. Andere finden einfach keinen Grund. Und einige kommen zu weit hergeholten oder gar bizarren Schlußfolgerungen.

Um eine realistische Sicht für das Problem des chronischen Ermüdungssyndroms zu bekommen, wollen wir es von verschiedenen Seiten genauer betrachten. Dabei wird uns das eine und andere schmerzhaft einleuchten. Mich verblüfft dabei immer wieder, wie schwer es vielen müden Menschen fällt, solche grundsätzlichen Erkenntnisse zu erkennen. Sie lassen sich praktisch auf alles anwenden, was in diesem Buch angesprochen wird.

Müdigkeit ist subjektiv

Sie ist subjektiv wie der Schmerz und wird normalerweise von dem momentanen emotionalen Zustand und besonders von den Erwartungen für die nahe Zukunft eines Menschen beeinflußt. Doch wie wir bereits gesehen haben, stehen uns keine wissenschaftlichen Möglichkeiten zur Verfügung, mit denen wir Müdigkeit messen können.

Beobachten wir wieder unsere Kinder und denken Sie an ihr Verhalten vor der Weihnachtsbescherung: wie sie jeden, der wie ein Erwachsener aussieht, über das ganze Gesicht anstrahlen – ein wunderbares Erlebnis für den, der die ganze Nacht damit beschäftigt war, das Polizeimotorrad zusammenzubauen oder die Möbel des Puppenhauses zu reparieren. Beobachten Sie sie dagegen an einem Montagmorgen während der Schulzeit. Nicht einmal ein Erdbeben kann ihre Aufmerksamkeit erregen. Sie hängen im Badezimmer herum, kleiden sich im Halbschlaf an und sind mindestens eine halbe Stunde lang nicht ansprechbar.

Bei höchst seltenen Gelegenheiten nimmt sich unsere Familie mitten in der Woche während der Schulzeit einen Tag frei, um Disneyland einmal ohne die 50.000 anderen Besucher genießen zu können. Um die Freude zu erhöhen – und als Experiment für dieses Buch -, haben wir unseren Kindern nichts davon verraten, bis der große Tag da war. Nachdem wir uns ihr Murren und Seufzen angehört hatten – wie ist es doch sooo früh aufzustehen! – erwähnten wir beiläufig: »Zieht euch endlich an, damit wir nach Disneyland fahren können!« Die Wirkung dieser Worte kam einem Wunder gleich, das kein Arzt je zustande brächte. Einige Worte, die eine Veränderung im Tagesplan signalisieren, die Schule streichen und dafür den Freizeitpark einsetzen, lösen einen erstaunlichen Energieausbruch aus.

Etwas Ähnliches kann bei einer körperlichen Krankheit, sei sie klein oder groß, auftreten. Leichte Symptome lassen sich ignorieren, wenn die Umstände angenehm und interessant sind, aber angesichts einer unangenehmen Aufgabe werden sie zu einer unerträglichen Last. Schulkinder sind dafür bekannt, daß sie am Montagmorgen über eine Erkältung klagen, die sie am Samstag noch ignorierten. Unser Sohn überstand einmal mit einer Magengrippe einen heißen Sommertag in einem Freizeitpark, ohne daß sein Unternehmungsgeist darunter gelitten hätte. Erstaunlich, wie er dieses teure Unterfangen ausgehalten hat! Aber im September stand ein Schulbesuch unter denselben Umständen nicht zur Debatte.

Diese Tendenz, sich auf Symptome im einen Fall zu konzentrieren und sie im anderen zu überspielen, ist von Mensch zu Mensch und von Zeit zu Zeit verschieden. Sie spielt eine wichtige Rolle bei Müdigkeit, weil sie sich auf jede Aktivität des Tages auswirkt. Denn dieser Prozeß ist nicht mit der jahrhundertealten Kunst zu verwechseln, sich vor allem zu drücken und eine nicht bestehende Krankheit zu simulieren, um sich damit unangenehme Dinge vom Halse zu halten.

Ursachen erkennen

Chronische Ermüdung hat selten nur eine einzige Ursache. Gelegentlich begegne ich einem Patienten, den ein einziges Problem schon lahmlegen kann. In neun von zehn Fällen jedoch ist die Ermüdung wie ein Fluß, der von mehreren Quellflüssen gespeist wird:

Mehrere Jahre lang täglich einige Kalorien zu viel können eine zwanzig oder achtzig Pfund schwere Last schaffen, die man mit sich herumschleppt. – Die Arbeit kann ein ständiges Problem sein, oder die täglichen Hausarbeiten geben einem das Gefühl, selbst ein Sisyphus zu sein. Ein Stoß Rechnungen sprengt vielleicht den Finanzrahmen. – Eine seit langem vernachlässigte Beziehung ist zerbrochen.

Dahinter stehen vielleicht geistliche Fragen. Hinter den Kulissen lauert möglicherweise eine körperliche Krankheit. Die Probleme beim Namen zu nennen und diese verschiedenen Quellflüsse auszumachen, kann eine große Herausforderung darstellen und ernsthaftes Nachdenken mit oder ohne Hilfe eines Arztes erfordern. Doch die Ursachen zu erkennen, ist erst der Anfang.

Es gibt selten nur eine einzige Heilungsmethode

Wenn jemand in die Arztpraxis kommt und um »etwas, das mich fit macht,« bittet, wird er normalerweise enttäuscht werden, vor allem dann, wenn der Arzt etwas auf seinen guten Ruf hält. Viel Geld wird mit dem Verkauf von Pillen, Säftchen und Spritzen gegen Müdigkeit verdient, ganz zu schweigen von den Wunderdiäten, Tierextrakten und elektrischen Stimulatoren. In letzter Zeit hat sich durch die Verbreitung der New Age-Medizin unter dem Deckmantel »ganzheitlicher Gesundheit« dieser Bereich stark erweitert. Er umfaßt jetzt viele Behandlungsmöglichkeiten: Methoden antiker Kulturen, Kristalle, psychische Heilungsmethoden und Injektionen mit »universeller Energie.«

Bei einigen Patienten scheinen diese Methoden für eine Weile zu wirken. Die dabei angeführten Gründe ergeben aus biologischer Sicht jedoch wenig oder überhaupt keinen Sinn. Dagegen bewirken New Age-Heilpraktiker häufig etwas ganz anderes: Sie überzeugen Menschen, die unter Müdigkeit leiden, davon, daß es für ihre Müdigkeit tatsächlich eine konkrete Ursache und eine Heilungsmethode gebe. Die Wunderdiät oder der »Energieausgleich« oder die »Entgiftung« funktioniert dann eine Weile, bis sich die Müdigkeit normalerweise wieder wie Unkraut in den Garten einschleicht. Der unermüdliche, aber immer noch müde Patient setzt dann seine Suche nach einem anderen Mittel fort, nach einem unauffindbaren Heiligen Gral mit unerschöpflicher Energie.

Wir werden uns einige dieser fragwürdigen Ursachen für chronische Müdigkeit genauer ansehen, die angeblich durch strenge

Ernährungspläne ausgetrieben werden können. Ein Problem bei solchen Therapien besteht darin, daß sie Menschen veranlassen, sich auf einen Baum zu fixieren, der nur in ihrer Phantasie existiert, dabei aber einen ganzen Wald, den es wirklich gibt, übersehen.

Wer seine Müdigkeit kurieren will, braucht Kraft

Chronisch müde Menschen, die planen, ihre Energielecks zu flikken, müssen sich mit einem irritierenden Paradoxon abfinden: Die Behandlung erfordert in den meisten Fällen Kraft. Das gilt besonders in Situationen, in denen eine Ernährungsumstellung und ein Sportprogramm angesagt sind. Der Mensch, der zu müde ist, um das zu tun, was seine Müdigkeit behebt, erinnert an den Helden eines alten Liedes, der ein Loch in seinem Eimer hatte: Er konnte das Loch nicht flicken, weil das entscheidende Mittel, das er dazu benötigte, Wasser war; dieses lief ständig wieder aus dem Loch heraus.

Leider gibt es wenig passive Heilverfahren gegen chronische Ermüdung. Nur wenig von dem, was für uns oder an uns von anderen getan wird, hebt unser Energieniveau.

Energiesteigerung ist ein langsamer Prozeß

Die meisten chronisch müden Patienten können nicht genau sagen, wann ihre Ermüdung begann, und wenige können genau bestimmen, wann eine Verbesserung eintrat. Der Umgang mit chronischer Ermüdung ist wie das Steuern eines Ozeandampfers: Eine Reihe kleiner Kurskorrekturen führt erst einige Zeit später zu einer Richtungsänderung. So stellt sich auch die Steigerung des Energieniveaus normalerweise als langsamer Prozeß dar.

Chronische Erschöpfung kann eine ärztliche Untersuchung erforderlich machen

Im allgemeinen sollte eine auffallend starke Ermüdung, die länger als zwei Wochen andauert, von einem Arzt untersucht werden, wenn es keine offensichtliche Ursache gibt wie etwa die, daß ein neugeborenes Baby die Familie nachts nicht zur Ruhe kommen läßt oder ein Schwerkranker zu pflegen ist. Selbst wenn eine konkrete ärztliche Behandlung nicht nötig erscheint, auch wenn man meint, die zeitaufwendigen Fragen und Untersuchungen führten nur zu der berühmten Aussage: »Bei Ihnen ist alles in Ordnung«, kann die Ermüdung die Folge einer ernsthaften Krankheit sein, die sofortiges Eingreifen erfordert – oder sie entpuppt sich als ein einfacheres Problem mit einer schnellen Lösung – wie gut wäre das!

Zwei Fälle aus meiner Praxis veranschaulichen das:

Der erwähnte biertrinkende Autolackierer litt unter starker Blutarmut – das heißt, er hatte ungefähr ein Drittel der normalen Anzahl von roten Blutkörperchen in seinem Blutkreislauf. Nach einer gründlichen Untersuchung entdeckten wir eine Anämie aufgrund von Eisenmangel, die durch äußerst schlechte Ernährung verursacht war. Sein täglicher Bierkonsum ersetzte die Kalorien, die er aus einer sinnvolleren Ernährung hätte aufnehmen sollen. Einige Eisenpräparate, ein ernstes Gespräch über seine Eß- und Trinkgewohnheiten und die Entscheidung, von Hamburgern und Pommes Frites auf eine andere Ernährung umzusteigen, erhöhten seine Energie innerhalb weniger Tage.

Eine Frau Anfang fünfzig, die in meine Praxis kam, konnte nicht verstehen, warum sie seit drei Monaten so ausgelaugt war. Sie war außerdem ungewöhnlich nervös und hatte mehrere Pfund abgenommen. Eine einfache Untersuchung zeigte, daß ihre Schilddrüse eine übermäßig starke Hormonproduktion aufwies. Ihr Stoffwechsel war unausgewogen, was erklärte, warum sie seit kurzem so aufgedreht war. Die Behandlung verminderte ihre Schilddrüsenüberfunktion und verbesserte gleichzeitig entscheidend ihren Energiehaushalt.

Im folgenden Kapitel betrachten wir mehrere Schlüsselfragen, die helfen können, die eigenen Fragen über die Ursachen chronischer Müdigkeit in die richtige Richtung zu lenken.

3. Ein Fragebogen

Patienten treten oft an mich heran, als wäre ich ein Wahrsager auf dem Jahrmarkt. Ihre Fragen über Kopfschmerzen, Rückenschmerzen oder Müdigkeit prasseln auf mich ein, und dann erwarten sie, daß meine Antworten wie aus der Pistole geschossen kommen. Ich muß dann erst einmal durchatmen. Die medizinische Praxis ist ja kein Spiel mit Doktor Wunderbart, sondern gleicht eher einer mühsamen Detektivarbeit – methodisch, nachforschend und manchmal – ermüdend! Viele Fragen müssen gestellt, viele Spuren müssen verfolgt werden, von denen einige auch in die Irre führen können. Außerdem ist oft eine Verzögerungstaktik (abwarten und sehen, was passiert) gefragt, besonders bei so harten Nüssen wie unserem Thema chronisches Ermüdungssyndrom.

Die hier gestellten Fragen sollen helfen, Ursachen für Müdigkeit herauszufinden. Jedem Fragenblock folgen einige Kommentare zu möglichen Antworten. Selbstverständlich ist das kein Ersatz für eine Krankengeschichte, die Ihr Arzt erstellt. Es ist unmöglich, an Müdigkeit wie an ein Kochrezept heranzugehen und zu glauben, dabei alle Erfahrungen der Vergangenheit, Erbanlagen, Persönlichkeitszüge, momentane Umstände und die körperliche Verfassung eines Menschen realistisch beurteilen zu können. Selbst die grandiosen Diagnosen von »Dr. Computer« sind verhängnisvoll naiv. Nur ein Mensch kann einem Menschen wirklich nahekommen. Ihn in seinem ganzen Umfang erfassen kann nur Gott.

a) Wie alt sind Sie?

Das Alter des leidenden Menschen kann auf konkrete Gründe für die Müdigkeit hindeuten.

Wie bereits erwähnt, liegt bei einem chronisch müden Kind, das jünger als zehn Jahre ist, fast immer eine körperliche Krankheit vor. Wenn es nur zu bestimmten Zeiten über Müdigkeit klagt, wie etwa unmittelbar vor Schulbeginn, weist das auf ein anderes Problem hin. Je kleiner das Kind ist, umso bedenklicher ist Lethargie und umso wahrscheinlicher ist es ein Anzeichen für eine Krankheit.

In der Pubertät ist chronische Ermüdung weit häufiger das Zusammenlaufen mehrerer Quellflüsse: schnelles Wachstum, Hormonveränderungen, unkontrollierte oder seltsame Eßgewohnheiten (einschließlich eines offensichtlich gestörten Eßverhaltens), zunehmend schwierigere Schularbeiten, Sorgen über Beziehungen zu Gleichaltrigen und Eltern und überraschenderweise zu volle Terminkalender. Ich kenne Teenager, neben deren Terminen – Schule, Job, Sport, Gemeinde, Musik und so weiter – ein Konzernmanager wie ein alter Opa wirkt.

Eine Krankheit, die Kinder und Teenager wochenlang müde macht, ist das »Drüsen-« oder »Studentenfieber«: die infektiöse

Mononukleose, auch »Monozytenangina« genannt, mit auffälligem Auftreten von besonderen Arten weißer Blutkörperchen im Blutkreislauf. Die Symptome dieser Krankheit sind normalerweise Fieber, Halsentzündung und geschwollene Lymphknoten am Hals. Diese werden von einer starken Müdigkeit begleitet. Gelegentlich ist Müdigkeit das Hauptsymptom, und die anderen Begleiterscheinungen treten kaum auf. Übrigens wird Mononukleose nicht in erster Linie durch Küssen übertragen, wie ehrwürdige Oberstufenlegenden behaupten. Mononukleose stellt eine unangenehme Begegnung mit dem sogenannten Epstein-Barr-Virus dar, der kürzlich als Ursache für chronische Ermüdung bei Erwachsenen verdächtigt wurde – das ist jedoch höchstwahrscheinlich nicht der Fall, wie wir noch sehen werden.

Bei jungen Erwachsenen und Erwachsenen im mittleren Alter durchlaufen die Ursachen für chronische Ermüdung die gesamte Skala von körperlichen Krankheiten bis hin zu geistlichen Konflikten. Normalerweise spielt dabei noch eine Vielzahl anderer Faktoren eine Rolle.

Bei älteren Menschen beeinflussen körperliche Beschwerden viel häufiger die Müdigkeit, aber auch eine ungesunde Lebenseinstellung kann bei ihnen ein großer Energieräuber sein.

b) Wie lange sind Sie schon müde?

Begann Ihre Müdigkeit plötzlich oder entwickelte sie sich allmählich? Oft sind die Antworten auf diese Fragen vage: »Ich kann mich nicht mehr daran erinnern, wann es anfing« oder: »Ich bin seit Jahren müde«. Allgemein läßt sich sagen, daß Ermüdung, die einen Menschen überfällt und dann monatelang nicht mehr weicht, wahrscheinlich nicht durch eine konkrete Krankheit verursacht wurde. Wenn Menschen dagegen sagen, daß sie erst vor kurzem müde wurden (innerhalb des letzten halben Jahres) oder wenn sie konkret erklären können, wann die Schwierigkeiten begannen (»bis zum 15. Juni fühlte ich mich großartig«), ist eine krankheitsbedingte Ursache wahrscheinlicher.

Wenn der zeitliche Rahmen ungewiß ist, hilft es manchmal zu überlegen, wann man sich das letzte Mal gut fühlte. Wenn die Antwort lautet: »Also, eigentlich nie,« ist Ihr Leben wahrscheinlich mit Energieräubern überladen, die abgeschaltet werden müssen.

c) Beeinflußt die Müdigkeit Ihre täglichen Aktivitäten?

Haben Sie wegen Ihrer Müdigkeit Pläne streichen müssen? Viele Menschen fühlen sich müde, auch wenn sie gleichzeitig noch sehr aktiv und produktiv sind. Müdigkeit kann also mit einem zu großen Engagement zusammenhängen. Bei anderen schränkt sie das Leben stark ein. Wenn Arbeit, Freizeit oder gar die grundlegenden Verrichtungen des Lebens gestört werden, müssen bestimmte Diagnosen besonders beobachtet werden: Körperliche Krankheiten sollten sorgfältig ausgeschlossen werden können. Ernsthafte Depressionen können zu einem Dahinvegetieren führen, wenn beispielsweise ein Mensch Fenster und Türen verrammelt und nicht mehr aus dem Bett kommt. Schließlich gibt es eine spezielle Krankheit, die inzwischen von den amerikanischen Gesundheitsbehörden als »Chronic Fatigue Syndrome« – Chronisches Ermüdungssyndrom – bezeichnet wurde. Dieses Syndrom ist durch eine verheerende Müdigkeit gekennzeichnet und beeinträchtigt stark den gewohnten Tagesablauf. Dieses spezielle Problem ist das Thema von Kapitel 5.

d) Traten noch andere Symptome auf, als die Ermüdung begann?

Wird die Müdigkeit von konkreten körperlichen Symptomen begleitet wie etwa Fieber, Schmerzen, Appetitlosigkeit und Kopfschmerzen? Die solchen Symptomen folgende längere Müdigkeit weist normalerweise darauf hin, daß ein Virus das Problem auslöste und die Ermüdung als Überbleibsel zurückließ.

Weitere Symptome, die Müdigkeit langfristig begleiten, deuten ebenfalls ausdrücklich auf eine körperliche Krankheit hin: unerklärlicher Gewichtsverlust, Durchfall und Ausschlag oder andere Hautveränderungen. Ihnen sollte man nachgehen, selbst wenn sie in eine Sackgasse führen. Symptome wie Schlaflosigkeit, Konzentrationsschwäche, Schwindelgefühl und Taubheit oder Kribbeln, das den ganzen Körper erfaßt, können ebenfalls auf eine konkrete Krankheit hinweisen. Sehr oft stellt sich jedoch heraus, daß diese Symptome psychische Ursachen wie Angst und Depressionen haben. Wenn körperliche Symptome und Stimmungsschwankungen sich vermischen, kann es manchmal schwierig sein, zwischen Ursache und Wirkung zu unterscheiden.

Noch ein Wort hierzu: Bevor Sie einen Arzt wegen eines bestimmten Symptoms aufsuchen, sollten Sie versuchen, vorher schon einige konkrete Fragen zu klären:

Wie lang tritt dieses Symptom schon auf?

Wodurch, wenn überhaupt, wird es besser oder schlechter?

Ist es früher schon einmal aufgetreten?

Einige Symptome (zum Beispiel Schwindelgefühl) sind grundsätzlich schwer zu fassen und können eine genauere Untersuchung erforderlich machen, um sie richtig zu bestimmen. Wenn Sie mehrere Beschwerden haben, sollten Sie nicht enttäuscht sein, wenn bei einem einzigen Arztbesuch nicht alle angesprochen werden können.

Und noch ein Wort: Ihr Arzt schaltet bei einer endlosen Aufzählung von Leiden entweder ab, oder er wird entmutigt. Er kann Symptome, die wie aus der Maschinenpistole auf ihn zugeschossen kommen, nicht vernünftig einordnen. Ich freue mich immer, wenn ein Patient, der mein Sprechzimmer betritt, am Anfang sagt, wegen welcher Beschwerden er mich aufsucht: »Ich habe eine Entzündung an der Schulter, einen eingewachsenen Zehennagel und Bauchschmerzen.« Wenn der Arzt gleich am Anfang weiß, was dem Patienten fehlt, kann er seine Zeit und Kraft sinnvoll nutzen. Der Schulterschmerz ist vielleicht nicht so wichtig, wenn er erst einmal den akuten Bauchschmerzen auf den Grund gehen muß. Aber wenn kurz vor dem »Auf Wiedersehen« noch dieses »Übrigens ...« kommt und sich als ernstes Problem herausstellt, das nicht verschoben werden kann, dann muß jeder im Wartezimmer länger warten, und die Nerven des Arztes beginnen sich zu regen.

e) Beobachten Sie Schwankungen im Befinden?

Steht die Müdigkeit in Zusammenhang mit einer bestimmten Tätigkeit? Bringt der Nachtschlaf eine Besserung? Tritt am Wochenende und im Urlaub eine Veränderung ein?

Wie gesagt, ändert sich das Energie- und Kräfteniveau eines Menschen je nach den Umständen und Erwartungen oft beträchtlich. Manchmal könnte sich ein Arzt viele Untersuchungen sparen, wenn er die Reaktion eines müden Menschen im Urlaub hätte beobachten können. Wenn die Müdigkeit jeden Freitagabend um sechzehn Uhr verschwindet oder sich am Strand in Wohlgefallen auflöst, ist die Wahrscheinlichkeit recht groß, daß dieser Mensch an seinem Arbeitsplatz beträchtliche Energieräuber hat. Andererseits kommt eine körperliche Krankheit oder eine ernsthafte Depression wahrscheinlich eher in Frage, wenn die Müdigkeit eine Aktivität, die man normalerweise genießt, stört oder verhindert.

Die Beziehung zwischen Müdigkeit und Schlaf ist wichtig. Wenn Müdigkeit darauf beruht, daß man zu viele Eisen im Feuer hat und zu wenig Schlaf bekommt, kann eine lange Nacht im Bett oder ein Wochenende, an dem versäumter Schlaf nachgeholt wird, Wunder wirken. In diesem Fall ist es ratsam, die vielen Aktivitäten unter die Lupe zu nehmen und eventuell einige zu streichen. Andererseits beklagen sich chronisch müde Menschen oft darüber, daß sie sich nach einer durchschlafenen Nacht nicht besser fühlen als am Abend, bevor sie zu Bett gingen.

Schlaf ist für einen depressiven Menschen, der fast unterschiedslos über chronische Müdigkeit klagt, auch ein wichtiger Faktor. Ein weit verbreitetes Symptom bei Depressionen sind Schlafstörungen – Schwierigkeiten beim Einschlafen, zu frühes Aufwachen oder der starke Wunsch, Tag und Nacht zu schlafen. Wir werden darauf noch genauer eingehen.

f) Die Krankheitsgeschichte

Die Krankheitsgeschichte ist hilfreich: Ist ein derartiges Problem früher schon einmal aufgetreten?

Wenn Ermüdung ein unermüdlicher Lebensbegleiter oder eine Jahr für Jahr wiederkehrende Erscheinung in verschiedenen Variationen ist, müssen Energieräuber, die mit dem Lebensstil, zwischenmenschlichen Beziehungen, der Lebenseinstellung und geistlichen Fragen in Verbindung stehen, wahrscheinlich genauer erforscht werden. Die Depression, die oft in unvorhersehbaren Zyklen auftritt, sollte außerdem in Betracht gezogen werden. Chronische Krankheiten (zum Beispiel eine starke Arthritis oder eine Lungenkrankheit) verursachen häufig Müdigkeit. Aber in solchen Fällen weiß man wenigstens, was diese starke Müdigkeit auslöst.

g) Medikamente

Nehmen Sie irgendwelche Medikamente? Leider können die Mittel moderner Medizin einen dramatischen Beitrag zu chronischer Erschöpfung leisten. Die häufigsten Gefahren sind Medikamente, die den Blutdruck senken, Antihistamine, die zur Behandlung von Allergien eingesetzt werden, und natürlich die Mittel, die beruhigend wirken sollen.

Ob eine Medizin tatsächlich der Übeltäter ist, ist oft schwerer nachzuweisen, als man meint. Außerdem kann ein Medikament, das bei den meisten Menschen überhaupt nicht ermüdend wirkt, für einen einzelnen ein großer Energieräuber sein. Darüber später mehr.

h) Streß

Stehen Sie vor größeren Konflikten? Sind Sie am Arbeitsplatz einem starken Druck ausgesetzt? Haben Sie Eheprobleme? Ein Kind, das der Familie den Krieg erklärt hat? Ein geistliches Dilemma? Eine erdrückende Schuldenlast? Wie gesagt, sind Konflikte und Probleme häufiger Ursache für chronische Müdigkeit als körperliche Krankheiten. Dazu kommt, daß es meist einfacher ist, diese Kampfzonen zu erkennen und beim Namen zu nennen, als den Krieg zu beenden, obwohl ohne Kenntnis dieser Zonen überhaupt nichts geht.

i) Körperliche Betätigung

Treiben Sie irgendeinen Sport? Eine regelmäßige körperliche Betätigung ist einer der wenigen echten Energiespender, die wir zur Verfügung haben – das heißt, sie baut Energie auf und flickt nicht nur ein Leck.

Ich erlebe selten einen chronisch müden Menschen, der einem konsequenten, sinnvollen Sportprogramm nachgeht. Aber wie kann jemand, der schrecklich müde ist, Sport treiben? Ich habe eine gute Nachricht für Sie: Es gibt praktische Möglichkeiten, wie wir sehen werden.

4. »Ich sagte doch, daß ich krank sei«

Jeder chronisch Erschöpfte macht sich an irgendeinem Punkt seines Leidens Gedanken darüber, ob er körperlich krank sei. Deshalb sehen wir uns hier einige dieser körperlichen Energieräuber an und suchen dabei Antwort auf zwei wichtige Fragen:

– Was sind die häufigsten Symptome, die chronische Müdigkeit begleiten, und was können sie bedeuten?
– Welche Krankheitstypen können Müdigkeit verursachen?

Auch hier bitte ich Sie zu beachten, daß dieser kurze Hinweis auf relevante Symptome und Krankheiten keine medizinische Enzyklopädie darstellt und keinesfalls das Gespräch mit Ihrem Arzt ersetzen darf. Es sind nur einige Möglichkeiten, keine unverrückbaren Diagnosen.

a) Symptome, die Müdigkeit begleiten

Einige dieser Symptome deuten immer darauf hin, daß eine körperliche Erkrankung vorliegt; bei anderen findet man das seltener, und für die meisten sind Fachkenntnisse nötig, um sie richtig einzuordnen.

Dabei ist zwischen pathologischen (krankheitsbezogenen) Problemen und funktionalen Störungen zu unterscheiden: Bei pathologischen Problemen ist eine konkrete Abnormalität zu beobachten, die mit bloßem Auge leicht erkennbar sein kann oder nur durch mikroskopische oder Laboruntersuchungen zu entdecken ist. Bei funktionalen Störungen ist das Organ nicht tatsächlich erkrankt, es funktioniert nur nicht so, wie es sollte.

Es ist ein schweres, aber weit verbreitetes Problem in der Medizin, die Beschwerden eines Patienten in die eine oder andere Kategorie richtig einzuordnen. So können beispielsweise stechende Schmerzen im Bauch auf eine Darmentzündung hinweisen, die medikamentös behandelt werden kann. Aber sie können genauso durch eine Reaktion hervorgerufen sein, bei der ein normal aussehender Dickdarm sich in ungünstigen Momenten krampfartig zusammenzieht. Im zweiten Fall

– kann durch Veränderungen in der Ernährung,
– manchmal durch Medikamente,
– durch eine Psychotherapie
– oder die Lösung der Probleme zu Hause oder am Arbeitsplatz,

eine Heilung bewirkt werden. Und beide Darmprobleme können chronische Müdigkeit auslösen.

Um alles noch verwirrender zu machen: Die meisten der aufgeführten Symptome (außer Fieber) lassen sich auch bei Menschen beobachten, die ängstlich oder depressiv sind. Jemand, der unter chronischer Angst leidet, verspürt vielleicht Druck in der

Brust, hat Kopfschmerzen oder Bauchkrämpfe. Diese Symptome können einzeln oder in Gruppen auftreten. Der Patient bildet sich diese Beschwerden nicht nur ein. Jedoch wird ihnen aus den verschiedensten Gründen vielleicht übermäßig viel Aufmerksamkeit geschenkt.

Fieber über 37,8 °C ist immer auffällig, ob es einen Tag dauert oder mehrere Wochen. Chronische Ermüdung, die von einer täglichen Temperaturerhöhung dieser Größenordnung begleitet wird, bedeutet, daß nach einer körperlichen Ursache gesucht werden muß. Eine chronische Infektion, verschiedene Formen der Arthritiserkrankungen und selbst Krebs können mögliche Ursachen sein. Jedoch sollten Sie zweierlei bedenken, bevor Sie wegen Fieber in Panik geraten: Erstens bedeutet es nicht unbedingt, daß Sie Fieber haben, wenn Ihnen heiß ist oder Sie schwitzen. Nur einem zuverlässigen Thermometer können Sie trauen. Zweitens verändert sich die Temperatur eines Menschen im Laufe eines Tages und kann am Abend um ein Grad oder mehr höher sein als am Morgen. Bei diesen Schwankungen kann die Temperatur über 37,3 °C steigen, aber selten über 37,8 °C. Wenn Sie nicht sicher sind, ob Sie möglicherweise Fieber haben, sollten Sie Ihre Temperatur einige Tage lang morgens und abends messen.

Symptome im Kopf- und Halsbereich sind bei müden Menschen keine Seltenheit. Kopfschmerzen begleiten normalerweise die Ermüdung und können sowohl ein Energieräuber als auch Symptom eines völlig anderen Problems sein. Außerdem gibt es viele mögliche Gründe für Kopfschmerzen, die von täglichen harmlosen Beschwerden bis zu lebensbedrohlichen Störungen reichen können. Wenn Kopfschmerzen ein relativ neues Problem sind, sich störend auswirken und schlimmer werden oder einen nachts aus dem Schlaf wecken, ist ein Arztbesuch angesagt.

Kopfschmerzen werden häufig von chronischer Ermüdung begleitet. Entzündungen der Nasennebenhöhlen bzw. Stirnhöhlen können neben Druck oder Schmerzen im Kopf auch Antriebsschwäche auslösen. Nagende Kopfschmerzen durch Muskelkontraktionen sind böse Energieräuber, selbst wenn sie keine Lebensbedrohung darstellen. Migränekopfschmerzen – ein Begriff, der sich auf einen ganz speziellen Typ von Kopfschmerzen bezieht, bei dem sich die Blutgefäße des Kopfes verengen und erweitern –, können von Schwitzen, Herzklopfen, Bauchschmerz, Krämpfen begleitet sein. Aber wenn sie einmal vorbei sind, geht auch der Erschöpfungszustand zurück.

Die chronisch verstopfte und die »laufende« Nase haben ihre Ursachen entweder in einer Allergie (wäßriger Schleim) oder einer bakteriellen Infektion (grüner oder gelber Schleim). In beiden Fällen kann Müdigkeit als Begleiterscheinung auftreten. Sie sollte sich aber bei richtiger Behandlung bessern. Leider können viele Antihistamine, die zur Behandlung von Allergien eingesetzt werden, ebenfalls zu Ermüdung führen (siehe Kapitel 9).

Schwindelgefühl ist ein Symptom, das sich schwer einordnen läßt. Mit diesem Schlagwort können echte Gleichgewichtsstörungen oder das Gefühl, daß sich alles dreht, Benommenheit, ein Ohnmachtsgefühl oder einfach jeder vage Eindruck, daß etwas im Kopf nicht ganz in Ordnung sei, beschrieben werden. Die Ursache für das Schwindelgefühl kann auch überhaupt nichts mit chronischer Ermüdung zu tun haben, was die Sache noch mehr verwirrt.

Unter den verschiedenen Formen des Schwindelgefühls gibt die Ohnmacht den eindeutigen Hinweis auf die Ursache: Wir definieren Ohnmacht als kurzzeitige Bewußtlosigkeit, die sich sofort bessert, wenn sich der Betreffende hinlegt. Ohnmacht tritt auf, wenn die Versorgung des Gehirns mit Blutzucker oder Sauerstoff zeitweilig drastisch verringert wird. Da das Gehirn keine Möglichkeit hat, Blutzucker zu speichern, diesen aber in einem ununterbrochenen Zustrom benötigt, sorgt der Körper mit einem rigorosen Schutzmechanismus für diese Kraftstoffzufuhr. Wenn der Blutzuckerspiegel eines Menschen stark unter den normalen Wert absinkt (ein Zustand, der als »Unterzuckerung« oder Hypoglykämie bekannt ist), schalten sich mehrere Mechanismen ein, um den Blutzucker wieder auf ein akzeptables Niveau zurückzubringen. Aus diesem Grund ist Bewußtlosigkeit durch zu niedrigen Blutzucker ungewöhnlich, außer man spritzt zu viel Insulin oder nimmt zu viel von dem Medikament ein, das den Blutzuckerspiegel bei der Behandlung von Diabetes senken soll – dann kann Unterzuckerung zum Koma führen.

Absinkender Sauerstoffspiegel hat fast immer mit plötzlich absinkendem Blutdruck zu tun, was aus verschiedenen Gründen auftreten kann. Die Reaktion des Gehirns – Benommenheit oder ein Ohnmachtsanfall – zwingt den Menschen dann, sich niederzulegen, was das Problem schnell behebt. Aus diesem Grund sollten Sie niemanden, der sich ohnmächtig oder benommen fühlt, zwingen, aufrecht zu stehen, Sie könnten ihm einen Gehirnschaden zufügen! Erlauben Sie dem benommenen Menschen immer, sich niederzulegen.

Viele Ursachen für einen instabilen Blutdruck tragen ebenfalls zur Müdigkeit bei. Bei Virusinfektionen kann dies bis zur Ohnmacht gehen, besonders, wenn ein Mensch schnell seine Position verändert. Eine Schwangerschaft kann Benommenheit oder Ohnmacht auslösen. Plötzliche Änderungen der Herzfrequenz können Benommenheit verursachen; sie werden normalerweise von Herzklopfen oder einem Flattern in der Brust begleitet.

Bei älteren Menschen ist Ohnmacht ein gefährlicheres Symptom. Vom Herzinfarkt über einen Schlaganfall, Flüssigkeitsmangel oder eine Reaktion auf Medikamente ist alles in Betracht zu ziehen. Jede dieser Möglichkeiten kann mit chronischer Müdigkeit einhergehen.

Frau M. wohnt in einem Altenheim. Die Altenpfleger berichten, daß sie nicht aufstehen könne, ohne sich schwindelig zu fühlen. Sie ist sogar zu müde und zu schwach, um ohne fremde Hilfe auf die Toilette zu gehen. Sie hat während der vergangenen achtundvierzig Stunden einen größeren Herzinfarkt erlitten – eine der großen Herzarterien, die das Herz mit Blut versorgen, hat sich verschlossen und zum Absterben eines großen Herzmuskelbereiches geführt. Wie viele ältere Menschen hat sie überhaupt keine Schmerzen verspürt. Doch jetzt ist sie nicht mehr in der Lage, ihren Körper mit genug Blut zu versorgen, um auch nur die geringste Leistung zu erbringen.

Schließlich kann Anämie, ein Mangel an roten Blutkörperchen (deren vorrangige Aufgabe der Sauerstofftransport im Blutkreislauf ist), sowohl Müdigkeit als auch Ohnmacht auslösen, besonders, wenn das Abfallen der roten Blutkörperchen schnell vor sich geht.

Symptome im Brustkorb können auf kleinere oder ernstere Krankheiten hindeuten.

Husten kann das Symptom für ein anderes Problem sein, das Müdigkeit verursacht: zum Beispiel eine chronische Verengung der Atemgefäße. Der Husten kann selbst die Ursache sein, besonders dann, wenn er den Schlaf stört. Suchen Sie bei jedem Husten, der länger als zwei Wochen dauert, einen Arzt auf; wenn Sie außerdem noch Fieber haben, schon früher.

Kurzatmigkeit ist ein Symptom, das alles bedeuten kann. Einerseits kann sie aus einer Störung entstehen, die den Sauerstofftransport von der Luft in den Blutkreislauf behindert: verengte oder verstopfte Atemwege, entzündete oder beschädigte Alveolen in den Lungen (Lungenbläschen), unzureichende Durchblutung des Brustkorbes und mechanische Behinderungen der Brustwand, um nur einige zu nennen. Andererseits haben Menschen, die an chronischer Angst leiden, oft das Gefühl, daß sie Luft nicht tief genug in die Lunge hineinbringen. Als Folge davon hyperventilieren sie und atmen tiefer und schneller ein, als nötig wäre. Wenn dies zu sehr übertrieben wird, kann es Schwindelgefühl und ein Kribbeln um die Lippen und an den Fingern hervorrufen. Jedes dieser Probleme kann eine längere Ermüdung verursachen, aber natürlich sind die Behandlungsmethoden jeweils von Grund auf verschieden.

Herzklopfen ist normalerweise auf Herzrhythmusveränderungen zurückzuführen. Einzelne vorzeitige Schläge sind sehr häufig und deuten selten auf eine ernste Störung hin. Menschen mit längeren schnellen oder unregelmäßigen Herzschlägen fühlen sich vielleicht benommen oder schwindelig. Bei ihnen sollte man der Sache auf den Grund gehen. Bei vielen tritt Herzklopfen bei chronischer Angst oder gar offenen panischen Anfällen auf, die Teil einer anhaltenden Müdigkeit sein können.

Symptome im Bauchbereich: Bauchschmerzen sind wichtige Beschwerden, die unbedingt beachtet werden sollten. Ein Überblick über alle möglichen Arten und Ursachen für Bauchschmerzen würde den Rahmen dieses Buches sprengen; sie sollten mit einem Arzt besprochen werden. Ebenso bedürfen Übelkeit, ungewöhnliche Gewichtsabnahme oder -zunahme und Veränderungen in der Verdauung einer genauen Untersuchung, um zwischen Krankheiten, Störungen oder falschem Verhalten zu unterscheiden.

Probleme im Genitalbereich können zu chronischer Ermüdung beitragen oder auf sie zurückzuführen sein.

Menstruationsveränderungen sind nicht auf die leichte Schulter zu nehmen und sollten untersucht werden. Zu starke Blutungen können zu Anämie führen, was wiederum Erschöpfungszustände verursachen kann. Außerdem kann ein starker Blutfluß (ob häufiger oder länger) durch Veränderungen in der Gebärmutter seine Ursache haben oder das gesamte Hormonsystem beeinflussen. Das Prämenstruelle Syndrom (PMS) mit seinem ein- oder zweiwöchigen Intervall vor dem Beginn der Menstruation kann ebenfalls ein ernster Energieräuber sein. Das Klimakterium, die sogenannten Wechseljahre, wenn die Eierstöcke ihre Tätigkeit einstellen und ihre normale Produktion der Hormone Östrogen und Progesteron beenden, kann ohne großes Aufsehen vorübergehen oder aber auch eine unangenehme Mischung von Symptomen, unter anderem starke Ermüdung, auslösen. Bei einigen Frauen bringt der Ersatz der fehlenden Hormone eine drastische Verbesserung; bei anderen Frauen müssen zusätzliche Probleme gelöst werden.

Abnehmendes sexuelles Interesse kann chronische Müdigkeit begleiten, besonders bei depressiven Menschen. Eine Störung der sexuellen Beziehung in der Ehe kann auch ein entscheidender Energieräuber sein.

Schmerzen und Beschwerden in den Muskeln und Gelenken können das Endprodukt von jahrelangen, kleineren, täglichen Beschwerden sein. Sie können auch durch zugrundeliegende ernste Störungen des Immunsystems hervorgerufen werden (zum Beispiel rheumatische Arthritis), die eine Behandlung dringend erforderlich machen.

Empfindungsstörungen wie Taubheit, Kribbeln, Brennen oder eine wachsende Empfindlichkeit gehören zu den Symptomen, die für einen Arzt eine große Herausforderung darstellen. Das liegt zum Teil daran, daß sie subjektive Informationen von seiten des Patienten erfordern. Diese Störungen können durch Diabetes, Vitamin-B12-Mangel, Hyperventilation und Alkoholismus verursacht werden, um nur einige Möglichkeiten zu nennen. Bizarre Formen ungewöhnlicher Empfindungen erlebt man oft bei ängstlichen oder depressiven Menschen, deren Zustand sich dadurch noch verschlimmert.

Puh! Kaum etwas ist so ermüdend wie Dutzende von Symptomen zu lesen. Außerdem hat Ihnen Tante Luise wahrscheinlich schon oft genug alle ihre Symptome geschildert. Wenn Sie immer noch nicht genug haben, können Sie im folgenden noch einiges über konkrete Krankheiten erfahren.

b) Krankheiten, die Müdigkeit verursachen können

Viele Patienten, die in meine Praxis kommen und sich wegen ihrer Müdigkeit Sorgen machen, leiden an einer konkreten Krankheit, von der sie glauben (oder befürchten), sie könnte die Ursache ihrer Müdigkeit sein. Die folgenden Beobachtungen wollen keinen Verfolgungswahn schüren, sondern vielmehr Mißverständnisse über bestimmte körperliche Krankheiten ausräumen. Wenn Sie nicht wegen der einen oder anderen Krankheit schrecklich besorgt sind, können Sie den Rest dieses Kapitels überspringen.

Infektionskrankheiten

Die meisten akuten oder chronischen Infektionskrankheiten lösen in unterschiedlichem Maß Erschöpfungszustände aus. Der Grippevirus legt einen sonst gesunden Menschen für höchstens eine Woche lahm. Die gereizte, laufende Nase, das ständige Niesen, tränende Augen, ein entzündeter Hals und ein trockener Husten lassen sich mit Bettruhe und einem oder mehreren rezeptfreien Grippemitteln gut in den Griff bekommen. Wenn Bakterien dazu kommen, können die Symptome, einschließlich der Müdigkeit, länger dauern. Nebenhöhleninfektionen verursachen Müdigkeit, einen Druck oder Schmerzen in der Stirn oder im Gesicht und gehen oft mit einem farblosen Schleimfluß aus der Nase oder im Hals einher. Bronchitis, die oft von einer Nebenhöhlenentzündung begleitet wird, erzeugt Reizhusten, Schleimbildung und oft Müdigkeit. Beide lassen sich mit Antibiotika bekämpfen, die ansonsten gegen die vielen Grippeviren wirkungslos sind.

Lungenentzündungen sind schwerere Infektionskrankheiten. Hier sind die Lungen selbst befallen – im Gegensatz zu den Atemwegen bei einer Bronchitis. Fieber, Schüttelfrost, Schmerzen und Husten sowie eine auffallende Schlaffheit sind typische Symptome. Während der Wintermonate kann Grippe eine ähnliche Form annehmen. Oft ist sie von stärkeren Gliederschmerzen begleitet.

Viele häufig auftretende Viren erzeugen ein allgemeines Unwohlsein, ohne jedoch die Nase, den Hals oder den Brustbereich zu befallen. Eine Kombination aus Fieber, Schmerzen (einschließlich Kopfschmerzen), Appetitlosigkeit und dem starken Wunsch, sich ins Bett zu legen – ohne andere konkrete Symptome – ist die Erkältungskrankheit, selbst wenn kein Grippevirus zu entdecken ist. Viren, die diese Symptome auslösen, ist nur mit drei grundlegenden Behandlungsmitteln beizukommen: Ruhe, Ruhe und abermals Ruhe. Dann kann das Immunsystem in Aktion treten. Säftchen, Schmerzmittel, Hühnersuppe und Vitamine werden seit Jahrzehnten mit unterschiedlichem Nachdruck empfohlen, aber diese Mittel helfen nur, wenn der Kranke sich ausruht und die Sache gelassen sieht. (Diesen Rat hätte Ihnen Ihre Großmutter übrigens auch geben können!)

Um Lungenentzündung, Grippe und Erkältungskrankheiten richtig zu verstehen, ist es gut, über die akute Phase und die Genesungsphase der Krankheit Bescheid zu wissen.

In der akuten Phase empfindet man die Symptome am ausgeprägtesten: Fieber, Schmerzen, Schüttelfrost und Husten. Diese Zeit dauert zwischen einem oder zwei Tagen und einigen Wochen. Die Genesungsphase kennzeichnet sich besonders durch Müdigkeit aus und kann länger dauern.

Normalerweise zieht sich der Kranke während der akuten Phase von der Menschheit zurück. Danach fühlt er sich gut genug, um einige seiner früheren Aktivitäten wieder aufzunehmen. Ihn ereilt das große Entsetzen, wenn er feststellen muß, daß in ihm der starke Wunsch geweckt wird, sich sofort wieder ins Bett zu legen, wenn er nur aufsteht, sich ankleidet, Einkaufen fährt, eine Schulstunde übersteht oder einige liegengebliebene Briefe im Büro öffnet. Das kann ihn erschrecken und irritieren und viele Fragen aufwerfen. Wie lang geht das so weiter? Wie lange dauert es, bis ich wieder in die Schule, ins Büro, auf die Baustelle oder überhaupt in das Land der Lebenden zurückkehren kann? Was kann ich unternehmen, um schneller wieder fit zu werden? Wie soll ich meinem Lehrer, meinem Chef oder Vorarbeiter oder Ehegatten klarmachen, daß ich nicht richtig krank bin, aber mich auch noch nicht gesund fühle?

Die große Mehrheit dieser Menschen kommt allmählich wieder in Schwung, ohne irgendwelche Wundermittelchen oder Megavitamine einzunehmen. Von Tag zu Tag fühlt man sich besser, wenn es auch einige Zeit dauern wird, bis die körperlich anspruchsvolleren Arbeiten wieder mit der früheren Selbstverständlichkeit bewältigt werden können. Tage der Ruhe, des Nachdenkens, vielleicht des Verwöhntwerdens liegen hinter einem – welch ein Geschenk!

Drei Infektionsarten sind jedoch wegen ihrer langen Rekonvaleszenzzeit und als böse Energieräuber berüchtigt: Hepatitis in ihren verschiedenen Erscheinungsformen, das Zytomegalie-Virus (CMV) und das Epstein-Barr-Virus (EBV).

Bei der Hepatitis entzündet sich die Leber und löst eine Reihe von Störungen im Bluthaushalt aus. Neben den üblichen Erkältungssymptomen nimmt bei der Hepatitis die Haut eine gelbe Färbung, die als Gelbsucht bekannt ist, an. Der Urin wird dunkler und der Stuhlgang entfärbt sich (hell oder grau).

Die häufigere Virus-A-Hepatitis wird durch eine Lebensmittelvergiftung übertragen und ist am harmlosesten. Die Virus-B-Hepatitis kann durch Geschlechtsverkehr, verunreinigte Spritzen oder durch Bluttransfusionen übertragen werden und kann weitaus schlimmere Folgen haben, gelegentlich sogar zum Tod führen. Andere Formen, die unter dem Begriff »Non-A-Non-B-Hepatitis« zusammengefaßt werden, sind noch nicht endgültig erforscht. Diese verursachen unterschiedlich ernste Krankheiten. Durch Blutuntersuchungen ist eine genaue Diagnose möglich. Diese ist wichtig, um den Krankheitsverlauf zu kennen und einer Ansteckung der Familienmitglieder und anderer Kontaktpersonen vorzubeugen.

Das Zytomegalie-Syndrom (»Einschlußkörper-Krankheit«) – eine Virusinfektion, die vorgeburtlich auftreten und dann zu Frühabort, Fruchttod oder schweren Gehirnschäden führen kann; als Erkrankung im frühen Kindesalter, kann sie als leichte Hepatitis oder ähnlich der Mononucleose auftreten; Heilung meist in ca. 3 Wochen ohne Folgen (RLM).

Das Epstein-Barr-Virus (EBV) tritt ebenfalls meistens in der Kindheit auf und kommt und geht als Routinekrankheit. Wenn man Pech hat und erst nach der Pubertät zum ersten Mal mit diesem Virus in Berührung kommt, sind die Symptome wesentlich stärker und lösen das Syndrom der akuten Mononukleose aus. Der Kranke (meistens Jugendliche) leidet unter Fieber, normalerweise unter einer starken Mandelentzündung, Lymphknotenvergrößerungen, einer starken Müdigkeit und dem Spott der Klassenkameraden, die »Küßkrankheit« zu haben, was allerdings nicht stimmt. Mononukleose kann besonders störend sein, wenn sie während der Prüfungszeit oder in einer anderen Phase auftritt, während der man alle seine Kräfte braucht.

Bei älteren Erwachsenen ist die Mononukleose sehr selten. Jedoch waren in den letzten Jahren viele Erwachsene, die unter chronischer Ermüdung leiden, davon überzeugt, daß eine chronische Abart des Epstein-Barr-Virus in ihrem Körper ihr Unwesen treibe. Dies stimmt zwar höchstwahrscheinlich nicht, aber es gibt tatsächlich ein Syndrom, das von einer ernsten und nicht enden wollenden Müdigkeit gekennzeichnet ist. Dieses Syndrom wird wahrscheinlich durch das Zusammenwirken zwischen einem Virus (ob dem EBV oder einem anderen Virus ist unbekannt), dem Immunsystem und dem Gehirn verursacht. Wir werden diese Störung, das sogenannte »chronische Müdigkeitssyndrom«, noch genauer besprechen.

Andere Infektionskrankheiten wie eine infektiöse Lebensmittelvergiftung, anhaltender Durchfall, Niereninfektionen oder exotischere, eingeschleppte Infektionskrankheiten (darunter die verheerenden Folgen eines Zusammenbruchs des Immunsystems bei AIDS) werden normalerweise von Erschöpfungszuständen begleitet, aber in diesen Fällen sind andere Symptome, die mit diesen Infektionen einhergehen, dringender zu behandeln. Eine Ausnahme – in den Industrieländern relativ selten, aber in der Dritten Welt deprimierend häufig – ist die Infektion durch Parasiten. Während einige Parasiten ihre Anwesenheit im menschlichen Körper eindeutig verraten (etwa durch Durchfall, Schwellungen, Rötungen), können andere dem Körper stillschweigend seine Energie und Nährstoffe rauben. Ein Mensch, der unter chronischer Müdigkeit leidet und sehr viele Reisen, besonders in unterentwickelte Gebiete, unternimmt, sollte seinen Stuhl von einem Labor untersuchen lassen.

Herz-, Lungen-, Nieren- und Leberbeschwerden

Bei einem Blutstau im Herzen kann das Herz nicht genug Blut durch den Körper pumpen, damit die grundlegenden Körperfunktionen erfüllt werden können. Dies tritt am häufigsten auf, wenn ein beträchtlicher Teil des Herzmuskels durch eine fehlende Blutversorgung der Herzarterien geschädigt wurde. Andere Beschwerden, wie etwa Herzklappenfehler, Herzrhythmusstörungen und Krankheiten, die die Herzmuskelzellen unmittelbar betreffen (etwa Alkoholismus) schränken die Herztätigkeit ebenfalls ein.

Wenn von einem kranken Herzen eine erhöhte Leistung gefordert wird – sei es, daß sich der Körper über eine weitere Strecke bewegen, eine reichliche Mahlzeit verdauen, eine Infektion bekämpfen, Bluthochdruck überwinden oder einen Mangel an roten Blutkörperchen kompensieren soll –, kann sich Flüssigkeit in den Lungen ansammeln (und den Sauerstofftransport behindern und damit für Kurzatmigkeit sorgen) und/oder sich in der Leber ansammeln und Übelkeit verursachen oder in den Beinen, die daraufhin anschwellen. Dieser Blutstau, der in seiner schlimmsten Form auch bei Ruhe auftreten kann, geht oft mit einer großen Müdigkeit einher. Dieser Zustand ist mit einem Auto vergleichbar, bei dessen Motor einer oder zwei seiner vier Zylinder ausgefallen sind. Es bewältigt vielleicht noch eine kurze Strecke, aber wenn es bergauf fahren soll, fragt es nur müde lächelnd: »Wie bitte?« Blutstau ist bei älteren Erwachsenen häufiger anzutreffen. Glücklicherweise gibt es mehrere Möglichkeiten – sowohl durch eine Umstellung der Ernährung als auch medikamentös –, die dem Herzen helfen können, mehr Leistung zu erbringen, ihm »eine Last abnehmen« und dadurch das Leben und die Lebensfreude verlängern können.

Die Müdigkeit bei chronischen Lungenerkrankungen ist praktisch unumgänglich, da die Fähigkeit des Körpers, lebensnotwendigen Sauerstoff aufzunehmen und die Stoffwechselabfallprodukte auszuatmen, aus dem Gleichgewicht gerät. Bei der häufigsten Form dieser Beschwerden wird der Luftstrom durch verengte Bronchien (chronische Bronchitis) oder beschädigte Luftbläschen in den Lungen selbst (Emphysema) oder beides behindert. Die häufigste Ursache dafür ist Rauchen, obwohl auch andere Faktoren, unter anderem Bewegungsmangel, Vererbung u.a.m., eine Rolle spielen können. Der Luftstrom und der Sauerstofftransport können durch eine Reihe von Maßnahmen verbessert werden, obwohl einige Menschen über längere Zeit künstlich mit Sauerstoff versorgt werden müssen.

Ein chronisches Nierenleiden führt zu Müdigkeit, wenn es nicht behandelt wird. Glücklicherweise ist dies bei Menschen, die keine bekannten Risikofaktoren wie Diabetes, Abnormalitäten im Blasenbereich oder übermäßigen Bluthochdruck aufweisen, selten die Ursache für ihre Müdigkeit. Die Nierentätigkeit kann durch regelmäßige Blut- und Urinuntersuchungen überwacht werden.

Ein chronisches Leberleiden schleicht sich selten unbemerkt bei einem Menschen ein. Normalerweise ist es ein längerer Prozeß, der sich im Laufe der Zeit als Folge einer allmählichen Schädigung (meistens, jedoch nicht immer durch Alkohol verursacht) oder einer Infektion entwickelt. Es passiert selten, daß jemand nur über Müdigkeit klagt und sich dann dieses Problem herausstellt. Jedoch ist, wer unter den Folgen einer eingeschränkten Leberfunktion leidet (besonders bei einer Leberzirrhose), tatsächlich erschöpft. Aber er hat weitaus dringendere Probleme.

Störungen im Immunsystem

Störungen, die mit dem Immunsystem in Verbindung stehen, werden häufig von chronischer Müdigkeit begleitet.

Allergien sind eine Überreaktion des Immunsystems auf einen oder mehrere äußere Verursacher, die sogenannten Antigene (vom Organismus als »fremd« erkannte Substanzen). Die Reaktion auf Pollen, Staub oder andere Umweltfaktoren können eine Entzündung der Nase, der Augen oder der Atemwege verursachen, die starke Energieräuber sind. Allergien gegen bestimmte Nahrungsmittel sind oft schwerer festzustellen; sie verursachen meistens Verdauungsbeschwerden (insbesondere Durchfall) oder einen Ausschlag. Sie lösen aber selten eine chronische Ermüdung aus, ohne irgendwelche andere Symptome zu zeigen. Das ist eine wichtige Feststellung, denn viele chronisch müde Menschen meinen, irgendein mysteriöses Nahrungsmittel, ein Zusatz- oder Giftstoff sei für ihr Leiden verantwortlich. Außerdem sind viele Formen der Lebensmittelunverträglichkeit, wie die fehlende Fähigkeit, den Zucker in Milch zu verdauen, ursprünglich nicht allergischer Natur.

Bei Autoimmunkrankheiten greift das Immunsystem den Körper selbst an. Es findet so etwas wie ein Bürgerkrieg im Körper statt. Bekannte Beispiele dafür sind die rheumatoide Arthritis und der Lupus, aber es gibt noch Dutzende anderer Erkrankungen dieser Art. Eine Reihe von Symptomen, die beliebig viele Organe befallen können, treten manchmal mit verheerenden Folgen auf. Da bei diesen Krankheiten häufig die Gelenke befallen sind, sollte anhaltenden oder wiederkehrenden Gelenkschmerzen, die zusammen mit Ermüdung auftreten, auf den Grund gegangen werden.

Immunschwächekrankheiten waren eine Randerscheinung, die nur für wenige Spezialisten und bei Doktorarbeiten von Interesse waren. Doch das Auftreten von AIDS – das Acquired Immune Deficiency Syndrome (erworbene Immunschwächesyndrom) – ändert dieses Bild von Grund auf. AIDS ist das Endstadium eines langen Prozesses, der durch das menschliche Immunschwächevirus in Gang gebracht wurde (HIV). Das Virus wird hauptsächlich durch Geschlechtsverkehr, unsaubere Spritzen und durch Bluttransfusionen übertragen und schlummert jahrelang im Körper, bevor es die Fähigkeit des Körpers, eine Infektion zu bekämpfen, unermüdlich verändert. HIV-infizierte Patienten leiden zwar mit fortschreitender Krankheit unter Erschöpfung, aber das ist selten ein isoliert auftretendes Symptom. So machen sich Menschen, bei denen in einem bestimmten Zeitraum mehr Infektionen der Atemwege oder Erkältungen als gewöhnlich auftraten, manchmal Sorgen darüber, daß sie möglicherweise AIDS haben könnten. Zum Glück stellt sich nur bei wenigen von ihnen heraus, daß sie HIV-positiv sind. Jedoch sollte länger anhaltendem Fieber, Schweißausbrüchen und Gewichtsverlust auf den Grund gegangen werden, besonders, wenn homosexuelle oder bisexuelle Praktiken, Drogeneinnahme oder sexuelle Kontakte zu Menschen aus diesen Risikogruppen vorliegen.

Hormonstörungen

Viele Betroffene vermuten Hormonstörungen als Ursache für ihre Müdigkeit. Allerdings ist dies normalerweise nicht der Fall. Diabetes, bei dem der Blutzucker ungewöhnlich hoch ansteigt, verursacht normalerweise keine Müdigkeit, solange nicht entscheidende Stoffwechselstörungen vorliegen. Viele Menschen leben mit einem mäßig erhöhten Blutzuckerspiegel und haben nicht die geringste Ahnung, daß etwas bei ihnen nicht in Ordnung sein könnte, bis andere Komplikationen auftreten. Übermäßig hoher Blutzucker löst jedoch eine physiologische Kettenreaktion aus, zu der ein überdurchschnittlicher Harndrang, Durst, Gewichtsverlust und Müdigkeit gehören. Bei einigen Menschen, besonders bei jungen Diabetikern kann sich dies zu einer Kombination von lebensbedrohlichen Störungen entwickeln. Hypoglykämie (Blutunterzukker) ist praktisch nie die Ursache für chronische Müdigkeit, eher für akute Schwäche, Zittern, Schwindel, Gereiztheit, Konzentrationsschwäche, Kopfschmerz; bei heftigem Auftreten seelische Enthemmung, eventuell Bewußtlosigkeit (»coma hypoglycaemicum).

Schilddrüsenerkrankungen, bei denen entweder zu wenig (Schilddrüsenunterfunktion) oder zu viele Schilddrüsenhormone (Überfunktion) produziert werden, können eine starke Ermüdung auslösen. Aber die Müdigkeit ist in diesen Fällen normalerweise ein Symptom unter vielen. Menschen mit einer Unterfunktion fühlen sich träge, frieren, sprechen leise. In einigen Fällen können sie (besonders an den Beinen oder im Gesicht) Schwellungen haben, die sich von den typischen Wasseransammlungen unterscheiden. Menschen mit einer Schilddrüsenüberfunktion reagieren genau gegenteilig: Sie zittern, haben Herzklopfen, schwitzen ständig, wirken »aufgedreht« und erwecken vielleicht den Eindruck, chronisch ängstlich zu sein. Mit Routineblutuntersuchungen lassen sich diese beiden Störungen des Hormonhaushaltes leicht feststellen und behandeln.

Östrogen- und Progesteronveränderungen können bei Frauen eine Reihe von vielfältigen Symptomen auslösen und gewiß auch zur Ermüdung beitragen. Trotzdem kann es ein schwieriges Unterfangen sein, genau herauszufinden, was vor sich geht (um nicht nur festzustellen, daß die Frau in die Wechseljahre kommt). Ein Teil des Problems besteht nicht nur in den ständigen Schwankungen dieser Hormone im Blut im Verlauf eines Monats oder von Monat zu Monat, sondern auch in den Meßmethoden.

Einige Ärzte setzen bei der Behandlung des Prämenstruellen Syndroms (PMS) Progesteron ein, aber es ist schwer vorherzusagen, bei wem sich der Zustand dadurch bessert und bei wem er sich verschlechtert. Das genaue hormonelle Bild, das zu PMS führt, ist nicht eindeutig. Viele Frauen mit chronischer Müdigkeit glauben, daß ihr Hormonhaushalt mit irgendeiner Kombination aus Vitaminen, Tabletten, Spritzen oder Zäpfchen verbessert werden könne. Wie jede andere Suche nach einer wundersamen Energiequelle kann auch die Suche nach einem ausgeglichenen Hormonhaushalt schwierig sein und Schwierigkeiten verursachen.

Frau S. kam in den letzten Jahren mehrmals wegen starker Ermüdungsprobleme, Stimmungsschwankungen und Angstzustände in die Praxis. Diese Symptome konnten auch bei wiederholten ärztlichen Untersuchungen, die alle normale Ergebnisse erbrachten, nicht abgestellt werden. Frau S. hörte von einer Klinik, die sich auf die Behandlung von PMS spezialisiert hatte, und fuhr hin, um herauszufinden, ob dies die Antwort auf ihr Problem sei. Man versprach ihr Verbesserung ihres Zustands durch eine hohe Dosis von Östrogen- und Progesteronpräparaten. Sie fühlte sich auch tatsächlich etwas besser, nachdem dieser Behandlungsplan aufgenommen wurde. Aber viele ihrer Symptome plagten sie auch weiterhin. Das führte zu einer Selbstmedikation mit höheren Dosen der Hormonpräparate.

Später kam sie in unsere Praxis und wollte neue Hormonpräparate verschrieben bekommen. Längere Gespräche brachten an den Tag, daß sich ihre Symptome nicht auf die Tage vor ihrer Menstruation beschränkten, sondern sich durch den gesamten Monat zogen. Anfangs ließ sie sich nicht von der Überzeugung abbringen, daß ein unausgewogener Hormonhaushalt allein die Ursache für ihre vielfältigen Symptome sei. Schließlich willigte sie ein, die Dosis ihrer Präparate zu reduzieren. Ihre Symptome wiesen wenig Änderung auf. Letzten Endes war es eine Depression; eine fachliche Behandlung führte zur Stabilisierung ihrer Stimmungsschwankungen.

Eine Hormontherapie kann das Wohlbefinden einer Frau in bestimmten Situationen tatsächlich verbessern. Östrogenpräparate können vielen Frauen im Klimakterium helfen. Frauen, die eine oder zwei Wochen vor jeder Menstruationsblutung (unter anderem) reizbar, aufgedunsen und müde sind, kann auf vielerlei Weise geholfen werden. Allein schon die einfache Zusicherung, daß die schlechten Gefühle eine körperliche und keine psychische Ursache haben, kann eine große Hilfe sein. Eine Ernährungsumstellung – auf Salz und Zucker zu verzichten und häufiger kleine Mahlzeiten einzunehmen – ist hilfreich. Harntreibende Mittel entfernen einige Pfunde eingelagerter Flüssigkeit, die die Ursache für einen Großteil der wiederholt auftretenden Reizbarkeit sein kann. Bei manchen Frauen helfen anscheinend auch Progesteronpräparate und frische Luft, ein wenig Sport.

Andere Umstände, die Müdigkeit verursachen können

Ermüdung nach einer größeren Operation ist häufig; sie trifft den Erwachsenen, der erwartet, kurz nach der Operation wieder mit voller Kraft seiner täglichen Arbeit nachgehen zu können, als unangenehme Überraschung. Das gilt besonders für Frauen, die etwa durch Kaiserschnitt ihr Kind zur Welt gebracht haben; die große Anstrengung (oft der Abschluß lang anhaltender Wehen), Blutverlust, Hormonveränderungen und ein Neugeborenes, das die ganze Nacht durchweint, können noch wochenlang nach der Entbindung zu einer starken Erschöpfung führen.

Krebs ist wahrscheinlich bei chronisch müden Patienten die Hauptbefürchtung. Das Schreckgespenst von einem entsetzlichen Kampf mit Zellen, die sich ungezähmt im ganzen Körper vermehren, kann an sich schon ein beträchtlicher Energieräuber sein. Viele müde Menschen, die erfahren, daß es keinerlei Beweise für einen bösartigen Tumor gibt, der irgendwo in ihrem Körper auf der Lauer liegt, sind so erleichtert, daß sie einen plötzlichen Energieschub erleben.

Sicher, Krebserkrankungen können einen Menschen müde machen, besonders, wenn der Krebs schon fortgeschritten ist, aber normalerweise sind dann je nach der Tumorart noch zusätzliche Symptome zu beobachten. Lokalisierte chronische Schmerzen, Gewichtsverlust oder die Entdeckung einer tatsächlichen Gewebeveränderung sind typische Beschwerden. Interessanterweise muß jemand, der weiß, daß er an Krebs leidet, nicht immer mit Müdigkeit zu kämpfen haben. Bei richtiger Behandlung können die meisten Tumore unter Kontrolle gebracht und einige sogar geheilt werden.

Physiologische Störungen können also eine Vielzahl von Symptomen auslösen, ohne daß tatsächlich eine bestimmte Schädigung eintreten muß. Dann ist Müdigkeit wahrscheinlich kein unmittelbarer Teil des Prozesses, sondern ein Nebenprodukt einer insgesamt fortschreitenden Verschlechterung. Dickdarmentzündungen, Verdauungsstörungen und/oder Verstopfung, Kopfschmerzen, chronische Muskelschmerzen sind große Energieräuber, wodurch sie auch ausgelöst werden. Wie man sieht, sind genauere ärztliche

Untersuchungen nötig, um festzustellen, ob ein Mensch an einem chronischen körperlichen Problem leidet, das man in den Griff bekommen muß, oder an einer Krankheit, die eine konkrete Behandlung erforderlich macht, um weiteren Schaden zu vermeiden. Fieber, Blut im Stuhl oder anhaltende Schmerzen an einer bestimmten Stelle sind kein eindeutiger Hinweis auf eine Darmentzündung.

Schließlich ist noch zu erwähnen, daß Medikamente, sowohl verschreibungspflichtige als auch rezeptfreie, zur Müdigkeit einen gehörigen oder den entscheidenden Teil beitragen können. Einige der wichtigsten Mittel werden wir genauer unter die Lupe nehmen.

5. Das besondere Problem des »Chronischen Ermüdungssyndroms«

Bis jetzt haben wir chronische Ermüdung als ein allgemeines Problem beschrieben, das durch eine oder mehrere Störungen im Körper ausgelöst werden kann. Jedoch erfordert eine spezielle Form chronischer Müdigkeit eine genauere Untersuchung: das »Chronische Ermüdungssyndrom« (Chronic fatigue Syndrom = CFS). Die Müdigkeit, die bei diesem Syndrom zu beobachten ist, übersteigt jede andere Form der Erschöpfung. Ein Patient, der befürchtete, der Name der Krankheit würde des Problems, das dahinter steckt, nicht gerecht, erklärte: »Unsere Müdigkeit hat mit der üblichen Müdigkeit genauso viel Ähnlichkeit wie ein Blitz mit einem kleinen Funken.«

a) Die Geschichte des »Chronischen Ermüdungssyndroms«

1984 beobachteten die Internisten Paul Cheney und Daniel Peterson in dem Kurort Incline Village im amerikanischen Bundesstaat Nevada eine ungewöhnliche Zunahme von Patienten, die über starke Müdigkeit klagten. Oft, aber nicht immer war diese Müdigkeit von einem leichten Fieber, einem entzündeten Hals, geschwollenen Lymphknoten und einer Reihe psychischer Störungen begleitet. Die durchgeführten körperlichen Untersuchungen brachten keine aussagekräftigen Ergebnisse, die Laboruntersuchungen fielen ebenfalls normal aus, und verschiedene Behandlungsversuche blieben ohne Erfolg. Am auffälligsten war, daß die Patienten sich vorher einer ausgezeichneten Gesundheit erfreuten und nicht als Kandidaten für Depressionen oder andere psychische Erkrankungen, die Müdigkeit auslösen könnten, galten.

Die Epidemie in Incline Village wurde landesweit bekannt, und ab 1985 berichteten medizinische Fachzeitschriften über diese und ähnliche Fälle von Patienten, die unter starker Müdigkeit litten. Da diese Krankheit in mehreren Punkten an infektiöse Mononukleose erinnerte und das Blut einiger Patienten eine ungewöhnlich hohe Anzahl von Antikörpern gegen das Epstein-Barr-Virus (EBV), das Mononukleose verursacht, aufwies, nahm man an, die Krankheit würde von diesem Virus ausgelöst. In den Medien wurde die Meldung verbreitet, daß die Epidemie in Incline Village und ähnliche Fälle nichts anderes als ein »chronisches Epstein-Barr-Virus-Syndrom« seien. In gewisser Hinsicht klang dies plausibel, da das EBV zur Familie der Herpesviren gehört, die dafür bekannt sind, sich dauerhaft in den Menschen, die sie befallen, einzunisten, aber gewöhnlich nicht auszubrechen. Wenn schon das primitive Windpockenvirus wieder aktiv werden und Gürtelrose auslösen kann, könnte dann nicht das ebenso häufig auftretende EBV bei einigen Menschen wieder zum Leben erwachen und seinerseits Probleme verursachen?

Es dauerte nicht lange, bis müde Patienten im ganzen Land Blutuntersuchungen auf EBV-Antikörper verlangten und großzügige Diagnosen auf ein chronisches Epstein-Barr-Virus-Syndrom aufgestellt wurden. Da keine erfolgreiche Behandlung bekannt war, fing schließlich eine Reihe von »EBV-Spezialisten« mit eigenwilligen Behandlungsmethoden an, mit denen sie viele unter Ermüdung leidende Menschen um ihr schwer verdientes Geld brachten. Inzwischen stellten ernstzunehmende Ärzte fest, daß praktisch jeder, der auf EBV-Antikörper hin untersucht wird, diese aufweist. Außerdem zeigten genauere Untersuchungen, daß jene Antikörper, die bei den unter dem chronischen EBV-Syndrom leidenden Menschen festgestellt wurden, bei vielen genauso anzutreffen waren, die sich vollkommen gesund fühlten. Damit wurde die gesamte Diagnose in Frage gestellt, und die Krankheit wurde als eingebildete Wohlstandskrankheit abgetan, da in vielen Fällen beruflich erfolgreiche, junge Erwachsene betroffen waren. War es nicht einfach eine neue Variation des uralten Liedes, daß Menschen nach einer

Krankheit suchen, die als Sündenbock für ihre Müdigkeit herhalten muß, statt daß sie selbst an ihren Energieräubern arbeiten?

b) Definition des Chronischen Müdigkeitssyndroms

In vielen Fällen bewahrheitete sich diese Vermutung: Menschen, die wegen ihrer Depressionen behandelt werden, die ihre gestörten zwischenmenschlichen Beziehungen in Ordnung bringen oder ihren Lebensstil verändern müßten, fixierten sich auf das Epstein-Barr-Virus und blieben müde.

Aber andere Krankheitsbilder waren so verblüffend, daß sie eine Klärung und weitere Untersuchungen dringend nahelegten. Schließlich veröffentlichte im Jahr 1988 die amerikanische Gesundheitsbehörde (Centers for Disease Control; CDC) eine sogenannte Arbeitsdefinition für das Chronische Ermüdungssyndrom (CFS). Es wurde eingeräumt, daß die Ursache für CFS unbekannt ist (und aller Wahrscheinlichkeit nach nicht das Epstein-Barr-Virus ist). Außerdem führte das CDC eine Reihe von Kriterien auf, anhand derer ein Fall als CFS eingeordnet werden kann. Da es bis zum gegenwärtigen Zeitpunkt keine nachgewiesene erfolgreiche Heilungsmöglichkeit gibt, sondern nur eine Reihe von Strategien, wie man mit dieser Krankheit umgehen kann (viele davon werden in den folgenden Kapiteln dieses Buches genannt), dienen diese Kriterien lediglich dazu, Fälle für Forschungszwecke zu definieren. Außerdem will dieser Kriterienkatalog Patienten und Ärzte in die richtige Richtung weisen.

Das 1. Kriterium beschäftigt sich mit der Intensität des Ermüdungsproblems. Um als CFS-Patient diagnostiziert zu werden, muß bei einem Menschen eine anhaltende oder ständig wiederkehrende Müdigkeit ohne ähnliche Symptome in der Vergangenheit, die sich auch bei Bettruhe nicht bessert, neu aufgetreten sein. Die Müdigkeit muß so gravierend sein, daß die täglichen Aktivitäten mindestens schon ein halbes Jahr um wenigstens 50 Prozent eingeschränkt wurden. Diese tiefgehende und intensive Müdigkeit, die verheerender ist, als man sie normalerweise bei typisch müden Patienten erlebt (und die in einigen Fällen eher an todkranke Patienten erinnert), ist das entscheidende Merkmal für diese Erkrankung. Patienten, die an dem »chronischen Müdigkeitssyndrom« leiden, gehen nicht einfach ihrer täglicher Arbeit nach und fühlen sich dabei lediglich kraftloser als sonst. Ihre Müdigkeit lähmt sie wirklich. Sie sind manchmal gerade noch zu den grundlegenden Betätigungen fähig, wie etwa sich zu duschen, bevor sie sich wieder ins Bett legen.

Das 2. wichtige Kriterium ist genauso entscheidend: Andere körperliche Erkrankungen und Verhaltensformen, die zu Ermüdung führen können, müssen durch entsprechende Untersuchungen und Laborwerte ausgeschlossen sein. Die Liste der Störungen, die die amerikanischen Gesundheitsbehörden aufgestellt haben, ist lang und umfaßt alle Bereiche körperlicher Krankheiten, viele psychische Erkrankungen sowie Alkohol- und Drogenmißbrauch.

Daneben listet das CDC eine Anzahl kleinerer Kriterien auf: Symptome und körperliche Beschwerden, die mit oder nach dem Ausbruch der Ermüdung begannen und mindestens ein halbes Jahr lang anhielten oder immer wieder auftraten.

Um als CFS-Patient zu gelten, muß ein Mensch acht der folgenden Symptome aufweisen:

1) Leichtes Fieber oder Schüttelfrost;
2) Entzündungen im Hals;
3) Schmerzen in den Lymphknoten am Hals oder im Achselbereich, die kleiner als ungefähr zweieinhalb Zentimeter sind (größere Lymphknoten deuten auf andere Krankheiten hin);
4) eine unerklärliche, allgemeine Muskelschwäche;
5) Muskelschmerzen (Myalgien);
6) eine längere Müdigkeit (über 24 Stunden) nach einer körperlichen Anstrengung, die vor dem Ausbruch der Krankheit leicht weggesteckt worden wäre;
7) allgemeine Kopfschmerzen (die sich in ihrer Intensität und in ihrer Art von den Schmerzen vor der Krankheit unterscheiden);
8) Gelenkschmerzen an verschiedenen Stellen ohne eine Rötung oder Schwellung;
9) neurologische oder psychische Beschwerden, besonders Depression, Konzentrationsschwäche, Vergeßlichkeit und Reizbarkeit;
10) Schlafstörungen: Schlaflosigkeit oder Hypersomnie (Schlafsucht);
11) Entwicklung der meisten dieser Symptome innerhalb einiger Stunden oder Tage.

Bei den CFS-Fällen wurden einige Trends festgestellt: Insgesamt nur 3 bis 5 Prozent der Menschen, die über chronische Müdigkeit klagen, erfüllen die oben genannten Kriterien für CFS. Bei Frauen tritt das chronische Müdigkeitssyndrom ungefähr dreimal häufiger auf als bei Männern. Eine typische Zeit für den Ausbruch der Kankheit ist Mitte 30. Außerdem treten in den meisten Fällen die Symptome plötzlich auf, im Gegensatz zu der allmählichen oder vagen Entwicklung der Müdigkeit, die bei so vielen chronisch müden Patienten zu beobachten ist.

c) Ursachen für das Chronische Ermüdungssyndrom

Die Ursache für das chronische Ermüdungssyndrom bleibt unbekannt, aber eine Reihe von Theorien wird derzeit untersucht.

Diese Störung wird sich wahrscheinlich nicht als die Folge eines einzigen Virus (wie es sich bei AIDS herausstellte) oder eines einzigen umweltbedingten Auslösers erweisen. Wahrscheinlicher ist die Erklärung, daß dieses Syndrom eine subtile und komplexe Veränderung der Immunfunktion darstellt – keinen so verheerenden Zusammenbruch wie bei AIDS, sondern eine Kombination aus Hyperaktivität und leichten Mangelerscheinungen. Auslöser für diesen Prozeß könnten eine Reihe von Viren oder vielleicht eine Mischung von infektiösen und umweltbedingten Stoffen sein. Die Wahrscheinlichkeit, daß eine Fehlfunktion des Immunsystems im Spiel ist, hat dem CFS vielfach den Namen CFIDS (Chronic fatigue and immune dysfunction syndrome = chronisches Ermüdungs- und Immunschwächesyndrom) eingebracht. Es ist noch viel zu erforschen. Zweifellos werden wir in den nächsten Jahren eine wichtige Klärung der Ursachen und des Krankheitsverlaufs bei einem chronischen Ermüdungssyndrom erleben.

d) Behandlung eines Chronischen Ermüdungssyndroms

1) Diagnose erstellen

Wenn das chronische Ermüdungssyndrom nur durch seine Symptome definiert werden kann und weder Ursachen noch Behandlungsmöglichkeiten bekannt sind, was ist dann zu tun?

Der wichtigste erste Schritt besteht, wie die CDC-Definition deutlich macht, darin, sicherzustellen, daß nichts anderes die Ursache für die Müdigkeit ist. Viele akzeptieren vorschnell, daß sie unter dem chronischen Ermüdungssyndrom (oder seiner früheren

Version, dem chronischen EBV-Syndrom) leiden, ohne andere Probleme in Betracht zu ziehen. Von entscheidender Wichtigkeit ist es nun, einen Arzt zu finden, der bereit ist, zuzuhören und dem Problem mit aller Sorgfalt auf den Grund zu gehen. Ärzte schrecken oft zurück, wenn ein Patient mit einem chronischen Müdigkeitsproblem ihr Sprechzimmer betritt, da sie fürchten, viel Zeit einsetzen zu müssen und nur unbefriedigende Ergebnisse zu bekommen, oder sie haben eine vorgefertigte Meinung über die Ursache unseres Syndroms – normalerweise sehen sie eine Depression dahinter. Viele Ärzte wissen nicht, daß die amerikanischen Gesundheitsbehörden einen Kriterienkatalog dafür erstellt und die Krankheit damit definiert haben. Sie haben Medizinern damit eine Hilfe an die Hand gegeben. Im Idealfall geht ein Hausarzt oder Internist dem Problem auf den Grund und legt dann über einen längeren Zeitraum vorsichtig das weitere Vorgehen fest. Er kann Strategien vorschlagen, wie der Patient mit diesem Leiden am besten umgehen kann, ihn an einen Spezialisten überweisen, wenn dies angebracht ist, und aufmerksam hinhören, wenn sich die Symptome ändern.

2) *Was kann noch getan werden?*

Mehrere Energiespender, die in den nächsten Kapiteln beschrieben werden, gelten für das Syndrom genauso wie für Müdigkeiten, die durch andere Probleme ausgelöst werden:

- angemessene körperliche Betätigung (wenn möglich),
- eine ausgewogene Ernährung,
- Streßbewältigung,
- ein richtiger Umgang mit den täglichen Problemen usw.

Medikamente helfen in den meisten Fällen nur zur Bekämpfung der Symptome: Schmerzmittel oder eine sehr vorsichtige und kurzzeitige Einnahme von Schlafmitteln, wenn diese unbedingt nötig sind, sind die wichtigsten Beispiele.

Einige Patienten reagieren gut auf sehr niedrige Dosen von Antidepressiva. Die Gründe dafür sind immer noch unklar, denn die Dosierung ist viel zu niedrig, um damit etwa eine Depression zu behandeln.

Einer der gefährlichsten Aspekte dieses Problemkomplexes ist die Anfälligkeit seiner Opfer für Therapien, die sich in Randbereichen der Medizin abspielen oder schlichtweg Quacksalberei sind.

Wenn die Schulmedizin schon nicht viel anzubieten hat, was kann dann ein bißchen Reflexzonentherapie oder Homöopathie schaden? Der Wunsch, etwas zu finden, das hilft, kann so groß sein, daß jede Vorsicht und Vernunft über Bord geworfen wird. Mit dem Risiko, entsetzlich konservativ zu klingen, würde ich jedem dringend empfehlen, innerhalb der Schulmedizin zu bleiben, die ja auf diesem Gebiet forscht, sich besonders aber von New Age-Therapien (die ihre eigenen bewußtseinsverändernden Programme haben), seltsamen Diätplänen, Vitaminspritzen und exotischen Präparaten mit noch exotischeren Preisen fernzuhalten. Das ist nicht immer leicht, da einiges, das über das Syndrom geschrieben wird (auch gute Literatur) unorthodoxe Therapien oder Randbereiche der Medizin befürwortet. So erklärt und unterstützt ein in den USA weit verbreitetes Buch mit dem Titel *Chronic Fatigue Syndrome: The Hidden Epidemic* mehrere New Age-Konzepte als Möglichkeiten für die Behandlung des Syndroms. Wenn irgend möglich, sollten Sie jede vorgeschlagene Behandlungsmethode mit einem guten Arzt, der Sie kennt und auch etwas über dieses Syndrom weiß, besprechen.

Die meisten CFS-Patienten brauchen viel Hilfe, aber leider bringt die Mischung aus ernsthaften Symptomen und einer unklaren Diagnose normalerweise wenig Geduld und Hilfe von seiten der übrigen Familie und auch der Ärzte. Das hat zur Bildung lokaler Selbsthilfegruppen geführt. Wie bei vielen anderen schwierigen körperlichen Erkrankungen können auch Menschen, die an diesem chronischen Ermüdungssyndrom leiden, von der Hilfe anderer, die dasselbe »durchmachen« und die vielleicht die eine oder andere praktische Lösung entwickelt haben, wie man auf lange Sicht damit umgehen kann, sehr viel profitieren. Andererseits ist es äußerst wichtig, kein ewiger CFS-Patient zu werden, dessen gesamtes Leben von der Krankheit bestimmt wird.

Das heißt: Patienten die an CFS leiden, müssen Energielecks genauso flicken wie Menschen mit weniger starker Müdigkeit. Jetzt ist es an der Zeit, einen Schritt weiterzugehen und eine Reihe konkreter Energieräuber und Energiespender zu untersuchen.

Sinn dieser Hinweise auf bekannte und unbekannte, aber wirksame Energieräuber und Müdemacher ist es, Sie zu ermutigen, mit Mut und Sachlichkeit ihnen zu Leibe zu rücken und mir nun auf der Suche nach brauchbaren Energiespendern zu folgen.

Teil II

Energieräuber und Energiespender

In diesem Teil II nimmt jedes Kapitel einen konkreten Energieräuber unter die Lupe und schlägt Möglichkeiten vor, wie man diesen Räuber durch einen Energiespender bekämpfen kann. Da bereits ganze Bücher über eine Reihe dieser Energieräuber geschrieben wurden und ich nicht die Absicht habe, das Rad neu zu erfinden, beschränken sich meine Vorschläge auf die Punkte, die helfen, der Müdigkeit Herr zu werden.

Wer bereits weiß, was er zu tun hat, erfährt durch diese Kapitel hoffentlich die Ermutigung und den Ansporn, einige seiner Energielecks zu flicken – und dabei nicht locker zu lassen.

6. Sich aufmachen und durchhalten

Räuber: Die Muskeln nur bewegen, wenn es unbedingt nötig ist

Spender: Ein Sportprogramm mit meßbaren Erfolgen

Jetzt, da wir die Symptome und möglichen Ursachen für Ermüdung untersucht haben, müssen wir klären, wie sich Lebensstil und die täglichen Entscheidungen auf Müdigkeit und Energie auswirken. Dabei soll das Thema Sport an erster Stelle stehen. Während viel von dem, was wir in den späteren Kapiteln behandeln, hilft, Energielecks zu flicken, gehört ein regelmäßiges Sportprogramm zu den wenigen Aktivitäten, die die Energie steigern. Man erlebt selten einen chronisch müden Menschen, der regelmäßig und vernünftig Sport treibt.

Für einige ist der tägliche Sport eine angenehme Gewohnheit, die sie unter keinen Umständen missen möchten. Für andere ist es aber das Schlimmste, das sie sich vorstellen können. Die meisten haben ein vages Gefühl, daß sie mehr Sport treiben sollten, aber aus den unterschiedlichsten Gründen können oder wollen sie nicht. Für einen müden Menschen ist es wie ein unerreichbarer Traum, körperlich fit zu werden. Er hat das Gefühl, ihm fehle die Energie, um Sport zu betreiben – aber genau das muß er, um die Energie zu bekommen, die ihm fehlt. Dieses Kapitel ist speziell diesen Menschen als Ermutigung und Herausforderung gewidmet.

a) Die arbeitslosen Muskeln

Als Gott den menschlichen Körper schuf, hatte er die gesamte Menschheitsgeschichte im Blick und nicht nur das Ende des zwanzigsten Jahrhunderts. Wir wurden mit Muskeln ausgerüstet, die uns während unserer wachen Stunden mehr oder weniger ständig in Bewegung halten können. In den letzten hundert Jahren haben wir jedoch viel Mühe darauf verwendet, diesen Zweck zu umgehen. Fahrzeuge jeder Art befördern uns überallhin, auch über die kürzesten Entfernungen. Aufzüge und Rolltreppen sind viel beliebter als Treppen. Im Westen hat sich die körperliche Arbeit auf die Verarbeitung von Informationen verlagert. Die wenigsten von uns schleppen am Arbeitsplatz Kisten und heben Lasten, und wenn wir nach Feierabend zu Hause sind, haben wir die Fernbedienung in der Hand, um uns unserem Lieblingszeitvertreib vom Sofa aus hingeben zu können – nur nicht einige Schritte gehen müssen.

Die meisten kleineren Kinder, vor allem im Krabbelalter, haben die kräftesparenden Geräte, mit denen wir gesegnet sind, noch nicht entdeckt und bewegen lieber ihren Körper, und das mit einer umwerfenden Geschwindigkeit und Ausdauer. Doch wenn sie ein wenig älter sind, werden viele von ihnen zu überzeugten Stubenhockern und hängen lieber den ganzen Tag vor Fernsehgerät und Computer herum, statt das großartige Leben vor der Haustür zu erforschen. Wenn sie nicht regelmäßig vom Sofa vertrieben werden, verkürzt sich damit unweigerlich ihre Lebensdauer.

Das »Institut für aeroben Sport« in Dallas hat diese düstere Prognose erst kürzlich in einer zuverlässigen Untersuchung bestätigt. Über 13.000 Männer und Frauen, die sich offensichtlich bester Gesundheit erfreuten, wurden aufgrund ihrer körperlichen Leistungsfähigkeit bei einem Konditionstest in fünf verschiedene Fitneßstufen eingeteilt. Innerhalb des achtjährigen Untersuchungszeitraums starben 283 Testpersonen. Unter Berücksichtigung der verschiedenen Risikofaktoren (wie Gewicht, Rauchen, Familiengeschichte) wurde festgestellt, daß die Todesrate in der konditionsschwächsten Gruppe am höchsten war. Zur allgemeinen Überraschung verhielt es sich bei der zweitschwächsten Gruppe wesentlich besser. Die Sterberate nahm bei den anderen drei Gruppen mit erhöhter Fitneß ab, aber die Unterschiede waren nicht so dramatisch wie zwischen den zwei untersten Gruppen. Ihre Schlußfolgerung: Ein, wenn auch noch so bescheidenes »Sportprogramm« – wie ein flotter halbstündiger Spaziergang jeden Tag – reduziert auf lange Sicht entscheidend das Risiko, gar zu früh einer oder mehreren häufigen Todesursachen wie Herz- und Blutgefäßerkrankungen zum Opfer zu fallen.

Aerober Sport

Die Sportart, die wir soeben beschrieben haben, wollen wir einmal genauer unter die Lupe nehmen. Aerob bedeutet wörtlich »sauerstoffverbrauchend« und meint ein Gleichgewicht zwischen Sauerstoffversorgung und -bedarf. Das ganze Gewebe benötigt ständig Sauerstoff, und die Aufgabe des Herzens und der Lungen besteht darin, diesen Sauerstoff je nach Bedarf herbeizuschaffen. Wenn wir schlafen oder still sitzen, können das Herzen und die Lungen ihre Arbeit mit wenig erkennbarer Anstrengung bewältigen, außer eines davon oder beide wären durch eine ernste Krankheit in Mitleidenschaft gezogen. Bei steigender Aktivität – durch das Zimmer gehen oder einen Graben ausheben – ist mehr Sauerstoff nötig. Das Versorgungssystem erhöht automatisch seine Leistung und Sauerstoffabgabe, um der Nachfrage gerecht zu werden.

Bei starker Anstrengung, wenn wir etwa einen kurzen, schnellen Sprint wagen, verbrauchen unsere Muskeln mehr Sauerstoff, als das Herz und die Lungen beschaffen können. Ihre biochemische Funktion wird dann anaerob: ohne Sauerstoff. Es dürfte jedem einsichtig sein, daß dieser Zustand nicht lange andauern kann. Abfallstoffe sammeln sich schnell an, erzeugen Müdigkeit und führen die Aktivität zu einem raschen Ende. Selbst nach Beendigung der anaeroben Kraftanstrengung schnaufen wir noch eine Weile nach Luft und füllen so den Sauerstoffmangel, den wir künstlich erzeugt haben, wieder auf.

Wenn wir über einen längeren Zeitraum unsere Muskeln stärker bewegen, ohne einen Sauerstoffmangel aufzubauen, gilt diese Tätigkeit als aerob. Beispiele für aeroben Sport sind Spazierengehen, Jogging, Radfahren, Schwimmen, Aerobictanz und Skilanglauf. Außerdem können einige Gruppenspiele als aerob eingestuft werden: Fußball, Basketball, Handball, Wasserpolo ... Die entscheidenden Kriterien sind eine anhaltende Betätigung über einen längeren Zeitraum (mindestens dreißig Minuten) mit einer Intensität, die dem Herzen und den Lungen erlaubt, die Muskeln und anderes Gewebe mit dem nötigen Sauerstoff zu versorgen.

Geschieht dies regelmäßig (mindestens viermal in der Woche), dann werden Herz und Lungen leistungsfähiger, und die Ausdauer erhöht sich – der sogenannte »Trainingseffekt« tritt ein. Damit einher geht ein allgemeiner Energieanstieg während des übrigen Tages. Dies hat sowohl eine psychologische Komponente (die Befriedigung, das Richtige für den Körper zu tun) als auch eine physiologische, die möglicherweise mit der Freisetzung von körpereigenen schmerz- und spannungslösenden Mitteln zusammenhängt, die als Endorphine bekannt sind. Möglicherweise verliert der Körper durch den erhöhten Kalorienverbrauch einige überschüssige Pfunde, und bei den meisten verbessert sich die Muskelleistung und das Aussehen.

Wenn ich Patienten nach den Sportarten befrage, die sie gegenwärtig betreiben, werden mir die unterschiedlichsten Aktivitäten genannt. Dazu ist zu sagen, daß die folgenden Tätigkeiten nicht als aerober Sport betrachtet werden können, der einen Trainingseffekt nach sich zieht.

1. Der durchschnittliche Arbeitstag. »Herr Doktor, ich bin in der Arbeit den ganzen Tag auf den Beinen.« Bei Postboten mag das zutreffen, obwohl auch diese Tätigkeit selten eine längere Erhöhung des Pulses erzeugt – außer man wird von einem bissigen Hund gejagt. Auch Menschen, die den ganzen Tag auf den Beinen sind, müssen eine konkrete Zeit für Sport einplanen.

2. Bodybuilding. Gewichtheben und sich mit Rudergeräten abkämpfen baut zwar Muskeln und Schweiß auf, aber normalerweise sind das kurze anaerobe Kraftanstrengungen. Die Anatomien, die die Seiten von Kraftsportmagazinen zieren, sind aus aerober (und für manchen Betrachter auch aus ästhetischer) Sicht oft in einer ziemlich schlechten Verfassung. Dagegen hat ein Marathonläufer selten einen »großartigen muskulösen Körperbau.« Gegen ein überwachtes Programm, mit dem man sein Aussehen verbessert, ist nichts einzuwenden, aber es sollte auch genug Zeit eingeplant werden, um das Herz und die Lungen zu stärken.

3. Sportarten, bei denen man viele kurze Bewegungen macht und dann wieder stehenbleibt. Golf, Tennis, Skiabfahrten sind Beispiele gesunder und manchmal kräfteraubender beliebter Sportarten, die trotzdem nicht den Sauerstoffumsatz über einen längeren Zeitraum

erhöhen, was für einen aeroben Trainingseffekt wichtig ist. Das heißt aber nicht, daß sie nicht dennoch Energiespender sein können. Der Erholungswert dieser Betätigungen kann sie für viele zu einem wichtigen Instrument bei der Streßbewältigung machen.

b) Warum wir keinen Sport betreiben

Wie bei vielen lohnenswerten Aktivitäten fällt es auch bei Sport leichter, darüber zu sprechen, als ihn regelmäßig zu betreiben. Bevor wir auf konkrete Sportarten genauer eingehen, müssen wir einen strengen Blick auf einige Gründe werfen, aus denen viele Menschen nie damit anfangen, und wenn sie doch angefangen haben sollten, nicht durchhalten.

Körperliche Barrieren

Ungünstige körperliche Voraussetzungen machen einen aeroben Sport schwer, wenn nicht sogar unmöglich. Eine ernste Behinderung (besonders bei älteren Menschen) oder angeborene Mißbildungen sind offensichtliche Beispiele dafür. Jeder, der chronisch krank oder behindert ist, sollte seinen Arzt um Rat fragen, welche Sportart er betreiben könnte.

Angenommen, jemand leidet nicht an einer einschränkenden körperlichen Erkrankung – welche anderen medizinischen Fragen sollten dann trotzdem zuerst geklärt werden? Zunächst sollte jeder Zweifel über die Fähigkeit des Herzens, mit der geplanten Sportart fertigzuwerden, ausgeräumt werden. Manche wagen es nicht, einen Sport zu betreiben, weil sie Angst vor einem Herzinfarkt haben. Das Schreckgespenst aus Schlagzeilen, in denen es hieß, daß Menschen mit guter Kondition beim Sport tot umfielen, macht sich breit. Aber die wenigen, bekannten Tragödien dieser Art sind wie Flugzeugabstürze – nicht repräsentativ für die Millionen, die regelmäßig Sport treiben, ohne daß eine Katastrophe geschieht. Im Fall von Jim Fi, einem Amerikaner, der die Schlagzeilen durch seinen tragischen Tod beim Sport füllte, wurden ernste Warnzeichen einer Erkrankung der Herzkranzgefäße außer acht gelassen, weil er irrigerweise annahm, daß ein gut durchtrainierter Mensch solche Beschwerden nicht haben könne. Pete Maravich, ein zweiter Fall, litt an einem äußerst seltenen ernsten Herzfehler, an dem er normalerweise schon lange vor seinem vierzigsten Geburtstag hätte sterben müssen. Daß er Basketball spielen konnte und so lang lebte, war eigentlich ein einziges Wunder.

Glücklicherweise ist für die meisten die Gefahr, sich während des Sports ernsthafte Herzbeschwerden zuzuziehen, sehr gering. Im Gegenteil: Das Risiko, das besteht, wenn ein Mensch überhaupt keinen Sport betreibt, sollte wesentlich mehr Angst einflößen. Einige Vorsichtsmaßnahmen sind jedoch wichtig.

Wenn Sie fünfunddreißig oder älter sind, sollten Sie sich von Ihrem Arzt erst einmal gründlich untersuchen lassen, bevor Sie Ihre körperliche Belastung entscheidend verändern. Dabei sollte vor allem auf Risikofaktoren für Erkrankungen der Herzkranzgefäße geachtet werden – den allmählichen Verschluß der Arterien, die das Herz versorgen. Wenn diese Blutgefäße durch Fettablagerungen ernsthaft verstopft sind, sind sie vielleicht nicht in der Lage, während der sportlichen Betätigung das Herz mit genug Blut zu versorgen. Dies wiederum könnte zu einer Schädigung des Herzmuskels oder gar zu einer lebensbedrohlichen Rhythmusstörung führen.

An bestimmten Risikofaktoren – Alter, Geschlecht und Familienhintergrund – läßt sich nicht rütteln. Ein Mann über vierzig und mit einem Familienstammbaum, in dem viele an Herzinfarkt gestorben sind, kann nun einmal nicht aus seiner Haut, auch wenn sonst bei ihm alles in Ordnung ist.

Rauchen, Bluthochdruck, erhöhte Cholesterinwerte und Übergewicht dagegen sind Risikofaktoren, gegen die etwas unternommen werden kann. Über sie haben wir eine gewisse Kontrolle.

Je nachdem, wie viele und große Risikofaktoren ein Mensch hat, kann es ratsam sein, sich erst einem Belastungs-EKG zu unterziehen, bevor man sich in ein umfangreiches Sportprogramm stürzt. Bei diesem Test, der entweder in einer Arztpraxis oder ambulant in einem Krankenhaus durchgeführt werden kann, wird der Körper unter strenger Beobachtung belastet – die Testperson muß etwa mit immer höher werdender Geschwindigkeit gehen oder radfahren. Dabei wird die Tätigkeit des Herzens elektrisch überwacht und mögliche Abnormitäten können festgestellt werden.[7] Aber wer sollte sich diesem Belastungstest unterziehen? Dr. Kenneth Cooper, der sich ausführlich mit diesem Thema befaßt hat und das Institut für aeroben Sport in Dallas gegründet hat, empfiehlt jedem Menschen dieses Belastungs-EKG, wenn er über fünfunddreißig ist und beabsichtigt, ganz neu anzufangen, Sport zu treiben. Andere raten, die Entscheidung von der Höhe der Risikofaktoren und der Intensität der jeweiligen Sportart abhängig zu machen.[8]

Neben der Sorge um das Herz müssen auch andere mögliche körperliche Beschwerden berücksichtigt werden. Sportarten wie Jogging oder auch nur schnelles Laufen können die Wirbelsäule, die Hüften, Knie oder Knöchel überlasten und Schmerzen oder gar eine wirkliche Schädigung hervorrufen. Dieses Risiko läßt sich dadurch verringern, daß man auf weicher Erde, Gras oder Sand und nicht auf geteerten oder gepflasterten Wegen läuft und die richtigen Schuhe trägt. Wenn jemand bereits orthopädische Probleme hat, ist Schwimmen eine ausgezeichnete Alternative. Ein öffentliches Schwimmbad ist die einzige Vorbedingung für diese Sportart.

Andere mögliche äußere Hindernisse sind durch die Umgebung bedingt. Nur der eingefleischteste Jogger trottet durch den Schnee oder unter sengender Sommersonne. In einigen Städten dämpfen der Straßenverkehr, streunende Hunde oder sogar Menschen, die einem auflauern, jede Begeisterung, körperlich in Form zu kommen. Wer Skilanglauf betreiben will – die wirkungsvollste Art aerober Betätigung – muß auch in einer Gegend leben, in der die Wetterbedingungen und das Gelände diesen Sport zulassen. Wer lieber Fahrrad fährt – eine ebenso gute Betätigung –, muß zuerst eines besitzen und eine gute Trainingsstrecke finden. Bei Fußball, Basketball, Volleyball und Handball braucht man die richtige Kleidung, eine Sporthalle, Mannschaftskameraden und Gegner.

Persönliche Barrieren

Es sieht zwar häufig so aus, als verhinderten äußere Umstände den Sport, aber der eigentliche Grund, warum die meisten keinen Sport betreiben, sind persönliche Barrieren.

»Ich habe einfach keine Zeit« – der überfüllte Terminkalender! Sich umziehen, den Sportplatz oder die Sporthalle aufsuchen, sich aufwärmen, Sport treiben, sich entspannen, duschen und sich wieder anziehen kostet mindestens dreißig Minuten, wenn das ganze einen Sinn ergeben soll. Normalerweise ist es realistischer, eine Stunde einzuplanen. Wenn die Verpflichtungen am Arbeitsplatz, zu Hause oder in der Gemeinde und andere Pflichten so viele Stunden am Tag in Anspruch nehmen dürfen, ist vielleicht eine persönliche Entscheidung nötig, sich viermal in der Woche eine Stunde am Tag für den Sport vorzubehalten. Wenn die alltägliche Routine unterbrochen wird – sei es durch einen Notfall, eine neue Arbeitsstelle oder eine Reise – ist der Sport sowieso meistens das erste, was auf der Strecke bleibt.

Solange die persönliche sportliche Betätigung noch keine positive »Sucht« bei Ihnen geworden ist, sollten Sie Ihre Sportstunden jede Woche mit konkretem Datum und genauer Uhrzeit auf dem Terminkalender eintragen.

Wenn Sie aber wirklich keine freie Minute haben? Dann können Sie Ihrer Kreativität und Erfindungsgabe freien Lauf lassen. Die benötigte Zeit läßt sich reduzieren, wenn man zu Hause eine Möglichkeit findet, Sport zu betreiben. Videos für Heimtraining, ein Übungsrad oder Rudergerät sind lohnende Investitionen. Sie machen einen flexibel, erlauben die nötige Intimsphäre und Beharrlichkeit, selbst wenn das Wetter schlecht ist. Wenn Rad oder Rudergerät in der Nähe des Fernsehgeräts oder der Stereoanlage aufgebaut sind, kann dies sogar soweit von der körperlichen Anstrengung ablenken, daß die Zeit schneller vergeht, oder zwanghaften Menschen das Gefühl geben, zwei Dinge gleichzeitig zu erledigen. Wenn Sie aber für diese Ausrüstung keinen Raum in Ihrem Haushaltsplan haben? Drehen Sie eine Runde um den Block, das führt zum gleichen Ziel.

Wenn der Sport sich mit den Anforderungen der Familie überschneidet, lassen sich bestimmt kreative Möglichkeiten finden, eine Stunde frei zu bekommen. Ein Elternteil muß vielleicht zu Hause die Stellung halten, während der andere trainiert. Am nächsten Tag oder Abend werden die Rollen getauscht. Alleinerziehende Eltern mit kleinen Kindern stehen vor den größten Zeithindernissen, aber sie bilden auch eine große Risikogruppe für chronische Ermüdung und benötigen deshalb den Energieschub, den sie durch Sport erfahren können. Absprache mit anderen alleinerziehenden Eltern oder eine hilfsbereite Nachbarin können eine Lösungsmöglichkeit sein. Einige Sportvereine bieten auch Kinderbetreuung an.

Leider geschieht dies alles nicht von allein. Sich die Zeit für Sport zu schaffen und zu nehmen, muß eine bewußte und geplante Handlung sein. Wenn man das akzeptiert und entsprechend handelt, ist die halbe Schlacht bereits gewonnen.

»Lohnt sich denn die ganze Anstrengung?« Für die meisten von uns ist Sport das gleiche, wie wenn man sich selbst mit dem Hammer auf den Finger schlägt. Es ist so schön ... wenn der Schmerz nachläßt. Manche Artikel und Bücher beschreiben oft so etwas wie ein Hochgefühl bei einem Jogger – eine herrliche Erfahrung, die alle normalerweise negativen Gefühle übertrifft, die mit dem

Schnaufen und Ächzen verbunden sind. Doch diese guten Gefühle, die durch Sport erzeugt werden, treten meistens erst zu anderen Zeiten auf.

Die Gefühle unmittelbar nach der sportlichen Anstrengung, wenn man wieder bei Atem ist, sind tatsächlich angenehm – es ist ein Gefühl, als hätte man das Gehirn und die Muskeln von Spinnweben befreit. Eine noch stärkere Veränderung ist nach sechs bis acht Wochen zu beobachten. Verbesserungen des Energieniveaus, der Leistungsfähigkeit und Stimmung sind die Regel, aber sie sind nicht sofort erkennbar. Deshalb: Halten Sie durch! Fühlen Sie sich nach dem Sport nicht wesentlich besser als vorher? Vergessen Sie nicht: Selbst wenn Sie nicht das Gefühl haben, einen riesigen Energiestoß bekommen zu haben, erreichen Sie Entscheidendes für Ihre Gesundheit.

Sie können aber auch mit praktischen Mitteln Ihre Erfahrung mit dem Sport angenehmer gestalten. Niemand schreibt Ihnen vor, daß Sie sich mit einer Sportart abquälen müssen, die Ihnen keinen Spaß macht. Wer eine Möglichkeit hat, zusammen mit anderen zu trainieren oder ein Ballspiel zu betreiben, stellt schnell fest, daß die Stunde (oder mehr) durch die Ablenkung, die das Spiel bietet, wie im Fluge vergeht.

Wenn Sie planen, spazierenzugehen oder zu joggen, sollten Sie überlegen, welche Tageszeit und Umgebung am angenehmsten ist. Durch die Mittagshitze zu trotten oder sich vor Tagesanbruch alles abzufrieren, kann einige zwar begeistern, aber die weniger hart Gesottenen doch eher entmutigen. Eine der besten Zeiten für diese Sportarten ist der späte Nachmittag oder die Zeit kurz vor Einbruch der Nacht, besonders während der Sommermonate. Um diese Zeit ist nicht nur die Temperatur angenehmer, sondern auch die Stimmung wirkt einladender. Außerdem kann es helfen, »Dampf abzulassen« und streßbedingten Krankheiten vorzubeugen, wenn man den Feierabend mit einer sportlichen Betätigung beginnt.

Wenn man mit dem Auto in einen Park oder eine schöne Gegend fährt, steigert sich vielleicht auch die Freude am Spazierengehen, Jogging oder Radfahren. Niemand läßt sich gern von einem Lastwagen überfahren, von einem Wachhund angreifen oder in die Büsche ziehen.

Wichtig ist es, die Leistungsanforderungen allmählich, aber regelmäßig zu steigern und darin altersspezifische Sportarten zu finden. Denken Sie daran, daß man sein Tempo und seine Kraft so bemessen sollte, daß man längere Zeit problemlos weitermachen kann. Wenn Sie sich nach einigen Minuten völlig ausgelaugt fühlen, ist Ihre Tätigkeit wahrscheinlich nicht mehr aerob, und Sie müssen Ihre Leistungen herabschrauben.

»Ich gehe nicht gern allein fort.« Einige Menschen genießen es, die Zeit beim Sport zur persönlichen Besinnung zu nutzen und ohne Ablenkung nachdenken zu können. Für sie kann es ein Segen sein, allein durch den Wald zu joggen. Weitaus häufiger ist jedoch der Ansporn durch andere eine wichtige Komponente für das sinnvolle Sportprogramm.

Ich kann mich beispielsweise für ein gutes Schlagballspiel begeistern. Leider ist die einzige Zeit, in der ich diesem Sport nachgehen kann, morgens um halb sieben. Wenn der Wecker viertel vor sechs klingelt, kann ich dem Wunsch, ihn auszuschalten und mich auf die andere Seite zu drehen, kaum widerstehen. Hier hilft nur das Wissen, daß mein Gegner viele unfreundliche Gedanken über mich hegen wird, wenn ich nicht auftauche, wie wir es am Abend vorher vereinbart haben. Und so kämpfe ich mich hinaus in das erste Morgenlicht und erwache irgendwann während des ersten Spiels zum Leben.

Ich habe schon länger erkannt, daß ich nicht die Selbstdisziplin aufbrächte, vor Sonnenaufgang das Bett zu verlassen und allein um den Block zu joggen. Aber mein Bestreben, das Gesicht zu wahren, motiviert mich stark genug, um das zu tun, was ich sonst lieber lassen würde. Diese gegenseitige Kontrolle läßt sich auch bei allen anderen Sportarten einführen. Sich zu verpflichten, einen anderen zu einer bestimmten Zeit an einem bestimmten Ort zu treffen, kann beiden helfen, alle möglichen persönlichen Hindernisse zu überwinden.

Eine besondere Variante dieses Gemeinschaftserlebnisses ist der Gymnastikkurs oder die Aerobictanzgruppe. Viele private Clubs und öffentliche Sportvereine bieten diese Kurse an. Dabei gibt es normalerweise Anfänger- und Fortgeschrittenenkurse. Diese bestehen in der Regel aus ungefähr einer Stunde mit den verschiedensten Bewegungsabläufen – Tanzen, Springen und Laufen – zu Tonbandmusik. Außerdem wird auf eine Aufwärmphase, Leistungsphase, eine rhythmische Muskelarbeit und eine Erholungsphase geachtet. Es erübrigt sich zu sagen, daß diese Stunde anstrengender ist, als sie auf den ersten Blick vielleicht aussehen mag.

Wie jede andere Sportart haben auch Gymnastikstunden ihre Vor- und Nachteile. Wenn man in einer Gruppe Sport betreibt, hat man auf jeden Fall den Vorteil, daß man sich wahrscheinlich ein bißchen besser anstrengt, um sich vor dem Kursleiter und den anderen Teilnehmern nicht allzusehr zu blamieren, als wenn man zu Hause allein vor dem Fernsehgerät turnt. Auch wenn niemand eine Punkteliste führt, kann die Herausforderung, mit dem Kursleiter mitzuhalten, ein Ansporn sein. Die Musik und die Abwechslung bei den Bewegungen kann außerdem Langeweile verhindern.

Aber je nach den Umständen können solche Kurse auch ihre Nachteile haben. Ein konditionsschwacher, übergewichtiger Vierzigjährer läßt sich vielleicht schnell entmutigen, wenn er versucht, mit einem schlanken, durchtrainierten Kursleiter Schritt zu halten, bei dem alles so einfach aussieht. Wenn an dem Kurs außerdem nur »schöne, gut gebaute, junge Leute« in modernen Aerobicanzügen teilnehmen, werden diejenigen, die weniger gut ausgestattet sind, zu verlegen sein, um oft bei den Stunden aufzutauchen. Schließlich kann es sein, daß jemand mit einem eher konservativen Musikgeschmack von der Rock'n Roll-Musik, die in Aerobic-Kursen meistens bevorzugt wird, abgeschreckt wird.

Wenn Sie planen, an einem Gymnastikkurs teilzunehmen, sollten Sie sich vorher vergewissern, daß die dort gestellten körperlichen Anforderungen Ihrem Konditionsstand entsprechen. Noch wichtiger ist, daß Sie keine Scheu haben, aufzuhören und kräftig Atem zu holen, wenn Sie nicht mehr können. Die meisten Aerobicfans wissen ganz genau, daß es Wochen dauert, bis man in der Lage ist, eine ganze Stunde lang mit dem Kursleiter Schritt zu halten.

»Ich habe es schon früher versucht, aber ich halte nie durch.« Wenn man in der Vergangenheit gescheitert ist, kann das einen Menschen so entmutigen, daß dieses Scheitern für sein Leben im allgemeinen ein großer Energieräuber ist. Im sportlichen Bereich ist dies besonders gefährlich. Diesem geistigen Hindernis muß man mit einem kräftigen »Na und?« begegnen.

Für die meisten von uns ist es eine kräfteraubende Anstrengung, bei guter Kondition zu bleiben. Nur allzu schnell wird der Sport verschoben oder aus dem Terminkalender gestrichen.

Na und?

Wenn aus unseren guten Vorsätzen heute nichts geworden ist, nehmen wir unseren Terminkalender zur Hand und versuchen es neu.

Nach mehreren atemlosen Stunden im Schweiße unseres Angesichts, in denen wir unsere Kondition ein bißchen verbessert haben, kann es passieren, daß wir aus beruflichen Gründen oder wegen einer Grippe eine Woche aussetzen und der ganze Boden, den wir vorher gut gemacht haben, wieder verloren ist.

Na und?

Im Garten wächst das Unkraut auch immer wieder, die Garage bleibt nie ordentlich aufgeräumt, das Auto bleibt nie glänzend sauber. Sehr wenig von dem, was sich lohnt, bleibt für immer und ewig so, wie wir es gern hätten.

»Aber mir paßt mein Sportanzug nicht mehr.«

Na und?

Besorgen Sie sich etwas, das paßt und nicht zu viel kostet. Wenn Sie nicht aufgeben, passen Ihnen am Schluß Ihre kleineren Größen wieder.

»Aber ich habe mich schon vor einem halben Jahr im Sportverein angemeldet und bin nie hingegangen.«

Na und?

Das macht doch nichts (wahrscheinlich erwartet man dort nichts anderes), und man freut sich bestimmt, wenn man Sie dort wieder sieht.

»Aber mein Sportverein stellte sich als Kontaktadresse für Leute, die einen Freund suchen, heraus.«

Na und?

Treten Sie wieder aus, wenn es Ihnen dort nicht gefällt, und suchen Sie sich einen Sportkameraden, der keine Hintergedanken hat.

Selbst wenn die Liste mit möglichen Ausreden endlos lang ist, sind die Vorteile, die regelmäßiger Sport für einen unter Müdigkeit leidenden Menschen mit sich bringt, so entscheidend, daß ein bewußter Schlachtenplan – und die Entschlossenheit, durchzuhalten – so bald wie möglich schriftlich festgehalten werden sollte. Dazu gehören:

1) Eine ärztliche Untersuchung, um mögliche Risiken auszuschließen.
2) Eine vernünftige Anleitung, wie man allmählich seine Kondition steigern kann.
3) Die Wahl einer Sportart, die Ihren Interessen, Ihrem Alter, Temperament und den äußeren Umständen Ihres Lebens entgegenkommt.
4) Die Inanspruchnahme von Familienmitgliedern und Freunden für praktische Hilfe, Begleitung und Kontrolle, wenn nötig.
5) Das Einplanen von Sportstunden auf dem Terminkalender und die Festlegung von Zielen.

6) Die Weigerung, aufzugeben, wenn unvermeidliche Lebensumstände die gesamte Durchführung erschweren wollen.

Der Weg ist manchmal vielleicht holprig, aber die Reise lohnt sich.

7. Ernährungsbedingte Symptome

Räuber: Übermäßiges oder unkontrolliertes Essen und ungesunde Ernährung

Spender: Hochwertige, energiereiche Ernährung

Die meisten Menschen, die schon über längere Zeit unter Müdigkeit leiden, stellen sich irgendwann die Frage, ob ihre Eßgewohnheiten etwas mit ihrem Problem zu tun haben könnten. Leiden sie unter einer Allergie, die ihnen viel Energie raubt? Fehlt ihnen ein Vitamin, Mineralstoff oder Spurenelement? Sind sie müde, weil sie zu viel oder zu wenig wiegen?

a) Energieräuber

Unterernährung

Unterernährung (bei der dem Körper tagaus tagein nötige Proteine und Kalorien vorenthalten werden) ist in der Dritten Welt ein immer noch nicht gelöstes, großes Problem, aber in den gut ernährten westlichen Ländern weitaus seltener anzutreffen. Besondere Risikogruppen für Unterernährung in unserer Gesellschaft sind Menschen, die sehr arm sind – ob obdachlos oder mit einem Dach über dem Kopf, Alkoholiker und Pflegebedürftige, die ohne Angehörige sind, nicht in einer entsprechenden Einrichtung untergebracht sind.

Eine nicht so offensichtliche Art der Unterernährung kann bei weniger gefährdeten Menschen durch ungesunde Eßgewohnheiten auftreten. Hier liegt das Problem nicht in der unzureichenden Ernährung, sondern an deren schlechter Qualität oder fehlender Ausgewogenheit. Bei übermäßigem Alkoholgenuß kann es beispielsweise vorkommen, daß die »leeren« Kalorien von Bier oder Whisky die Kalorien ersetzen müssen, die man durch Nahrungsmittel zu sich nehmen sollte, die wichtige Nährstoffe enthalten. Manch einer kann mit Likören, Chips, Häppchen und Süßigkeiten jeden Tag Hunderte (oder Tausende) von Kalorien vertilgen und doch nicht genug Eiweiß, Vitamine und Mineralstoffe bekommen, die der Körper benötigt.

Schlechte Eßgewohnheiten

Unsere Schnellebigkeit führt dazu, daß viele das Frühstück ausfallen lassen (»kein Hunger«), mittags im Stehen nur einen kurzen Imbiß einnehmen (»keine Zeit«) und dann zum Abendessen, dem die passivste Zeit des Tages folgt, eine kolossale Mahlzeit verschlingen. Diäten, eine weit verbreitete Freizeitbeschäftigung in der westlichen Welt, können auch unregelmäßige Essenszeiten und Mahlzeiten mit stark schwankendem Umfang und Nährstoffgehalt mit sich bringen. In Extremfällen, wenn Abnehmen zu einem Zwang wird (bei Magersucht), können die Folgen katastrophal sein.

Mangelerscheinungen

Spezieller Vitamin- und Mineralstoffmangel, der zu Müdigkeit führen kann, ist in unserer Gesellschaft relativ selten, da unser Nahrungsmittelangebot so reichlich ist und in den täglichen Mahlzeiten die meisten Vitamine enthalten sind. Einige Müsliprodukte behaupten von sich, in einer einzigen kleinen Portion 100 Prozent des empfohlenen täglichen Bedarfs der häufigsten Vitamine und Mineralstoffe zu enthalten. Selbst Schokoladen- und Süßigkeitenhersteller werben damit, mindestens 25 Prozent des empfohlenen Bedarfs an einigen Vitaminen zu decken, und versuchen, den Käufer davon zu überzeugen, daß ihr Produkt bei einem »gesunden Frühstück« nicht fehlen dürfe.

Eisenmangel ist in unserer wohlgenährten Gesellschaft wahrscheinlich das häufigste konkrete Ernährungsproblem, das zu Müdigkeit führen kann. Eine ständige Eisenversorgung ist für die Hämoglobinproduktion wichtig. Hämoglobin ist das Molekül, das für den Sauerstofftransport in den roten Blutkörperchen verantwortlich ist. Wenn das Eisen, das im Körper (in der Leber, Milz, im Knochenmark und anderen Organen) gespeichert wird, abnimmt, sinkt auch die Zahl und Größe der roten Blutkörperchen, was wiederum zu einer Eisenmangelanämie führt. Frühere Werbeanzeigen für eisenhaltige Mittel und Säftchen bezeichneten diese Krankheit als »müdes Blut« – zweifellos deshalb, weil der Patient, der unter Eisenmangel leidet, sich wirklich müde fühlt, selbst wenn die Anzahl der roten Blutkörperchen noch nicht abgenommen hat.

Eisenmangel zu diagnostizieren ist relativ problemlos. Wenn der Eisenmangel stark genug ist, um eine Anämie auszulösen, verrät eine einfache Blutuntersuchung die sinkende Anzahl der roten Blutkörperchen und deutet durch ihre kleinere Größe sogar auf die Ursache hin. Selbst wenn sich noch keine Anämie aufgebaut hat, können in den meisten Labors Eisenuntersuchungen durchgeführt und als Teil eines Bluttests angefordert werden.

Nicht so einfach ist es, die Ursache des Eisenmangels festzustellen. Dafür kann eine unzureichende Versorgung, ein übermäßiger Bedarf oder beides in Frage kommen. Diätkuren, strenge vegetarische Ernährung, zu viele ungesunde Kalorienbomben und Alkoholmißbrauch können zu einer täglichen Unterversorgung mit den entsprechenden Nährstoffen führen. Kinder in der Wachstumsphase, Jugendliche in der Pubertät und Frauen während ihrer Menstruationsblutung oder während einer Schwangerschaft benötigen eine erhöhte Menge an Eisen.

Bei Männern und Frauen nach dem Klimakterium – also ab 40. bis 60. Lebensjahr – sind die Ursachen für Eisenmangel jedoch nie so offensichtlich. Häufig steht dahinter ein ständiger Blutverlust, normalerweise im Magen-Darm-Bereich. Die Ursache für die Blutung kann harmlos oder sehr ernst sein. Deshalb ist bei dieser Personengruppe eine gründliche Beurteilung der Eßgewohnheiten nötig. Untersuchungen wie eine Sigmoidoskopie (Untersuchung der letzten Zentimeter des Darmes mit einem flexiblen Endoskop) oder eine Koloskopie (das gleiche, aber durch den gesamten Darm) oder das Röntgen des Darmes oder der anderen Verdauungsorgane (Speiseröhre, Magen und des ersten Segments des Dünndarms) können die Ursache für die fehlenden roten Blutkörperchen aufdecken.

Vitamin-B12-Mangel ist eine relativ selten auftretende Störung und hat seine Ursache meistens nicht in einer zu geringen Zufuhr dieses Vitamins in der Nahrung. Es ist in Fleisch- und Milchprodukten reichlich vorhanden (aber nicht in Obst und Gemüse), der Körper benötigt täglich nur ganz geringe Mengen. Da dieses Vitamin in Mengen, die viele Wochen ausreichen, im Körper gespeichert werden kann, muß man sich schon sehr anstrengen, um durch die Ernährung allein einen Vitamin-B12-Mangel herbeizuführen.

(Dies ist jedoch bei einer strengen vegetarischen Ernährung möglich, bei der auch auf Eier und Milch verzichtet wird.)

Häufiger kommt es vor, daß Vitamin-B12-Mangel im Körper daraus resultiert, daß das Vitamin nicht absorbiert wird. Dies hat seine Ursache in einer konkreten Störung des Magens oder der letzten Zentimeter des Dünndarms. Da dieses Vitamin für die Produktion von roten Blutkörperchen benötigt wird, kann sich über viele Wochen hin eine ernste Anämie entwickeln. Diese Störung führt zu einigen möglicherweise verheerenden Problemen im zentralen Nervensystem, die ebenfalls durch Vitamin-B12-Mangel verursacht werden.

Es besteht normalerweise Verdacht auf Vitamin-B12-Mangel, wenn eine einfache Blutuntersuchung eine geringe Anzahl von sehr großen roten Blutkörperchen zutage bringt. Genauere Untersuchungen können diese Diagnose bestätigen, die sich mit monatlichen Injektionen des Vitamins leicht behandeln läßt. In den letzten Jahren wurde die Vitamin-B12-Spritze, die »gegen alles hilft«, in einigen Arztpraxen zu einer lukrativen Einnahmequelle. Diese Praxis ist inzwischen in Mißkredit geraten. Trotzdem kommt hin und wieder jemand in unsere Praxis und bittet um eine solche Spritze, weil er sich ein bißchen »ausgelaugt« fühlt.

Einige Vitaminmangelerscheinungen können bei Personen auftreten, die an konkreten Krankheiten leiden oder bestimmte Medikamente einnehmen. Frauen, die orale Kontrazeptiva schlucken, stehen in der Gefahr eines Vitamin-B6-Mangels, ebenso Patienten, die über einen längeren Zeitraum das Medikament Isoniazid, ein synthetisches Mittel zur Behandlung von Tuberkulose, einnehmen. Menschen mit bestimmten Malabsorptionssyndromen (ungenügende Aufnahme von Nahrungsbestandteilen aus dem Verdauungstrakt) können vielleicht nicht die fettlöslichen Vitamine (A, D, E und K) aufnehmen. Die Liste mit speziellen Zusammenhängen zwischen Medikamenten, Krankheiten und Vitaminen ist lang und würde den Rahmen und das Ziel dieses Buches sprengen. Fragen wegen bestimmter Probleme sollten Sie an Ihren Arzt oder noch besser an einen qualifizierten Ernährungsexperten richten.[9]

Die meisten Menschen, die sich abwechslungsreich und mit vernünftigen Mengen ernähren, dürften keinen Vitaminmangel erleiden. Bestimmte Personengruppen – Kleinkinder und heranwachsende Kinder, Schwangere, Menschen, die gerade eine Operation oder eine längere Krankheit hinter sich haben oder eine Diät machen, und ältere Menschen – sind mögliche Kandidaten für ein

Vitaminpräparat; dabei ist ein einfaches, umfassendes Multivitamin- und Mineralstoffpräparat zu empfehlen. Wenn jemand, der chronisch müde ist, probieren will, ob ein Multivitaminpräparat Abhilfe schafft, ist dagegen wenig einzuwenden. Einige meiner Patienten, die sich selbst genau beobachten, sagen, daß sie das Gefühl haben, weniger Energie zur Verfügung zu haben, wenn sie einige Tage auf ihr Lieblingsvitamin verzichten.

Effektive Energiespender

Während die Nahrungsmittelindustrie sich mit dem Vorwurf auseinandersetzen mußte, durch mysteriöse Giftstoffe Nährstoffmangel und Lebensmittelallergien hervorgerufen zu haben und damit eine wichtige Rolle bei chronischer Müdigkeit zu spielen, möchte ich darauf hinweisen, daß dieses zwanghafte Sorgen um das Essen auch nicht gerade bekömmlich ist und anscheinend davon ausgeht, daß der menschliche Körper so schlecht ausgerüstet sei, daß er ohne eine Schachtel mit den verschiedensten Präparaten nicht richtig funktionieren könne. Wer seine tägliche Nahrung sorgfältig zusammenstellt und zubereitet und dankbar den Schöpfer aller guten Gaben um den Segen bittet, der sollte sie auch dankbar genießen.

Bei Menschen, die dagegen an offensichtlicher Unterernährung leiden, führt eine Veränderung der Lebensumstände und des Verhaltens, ganz zu schweigen von der Versorgung des Körpers mit ausgewogenen Kalorien, zu einer erheblichen Verbesserung des Befindens. Ernährungsprogramme sind dabei ein guter Anfang.

Werden wir praktisch:

Sind Sie über- oder unterernährt, sollten Sie Ihre Eßgewohnheiten überdenken. Frühstück um sieben Uhr, Mittagessen um zwölf Uhr und Abendessen um achtzehn Uhr ist vielleicht nicht das Richtige für Sie. Die üblichen Essenszeiten spiegeln einfach die häufigsten Arbeits- und Hungergewohnheiten in einer bestimmten Gesellschaft wider. Sie sind nicht unumstößlich festgeschriebene Gesetze. Wenn jemand um sechs Uhr sein Frühstück einnimmt, braucht er sich nicht zu fragen, ob bei ihm etwas nicht stimme, weil er sich um zehn Uhr schwach und hungrig fühlt. Es stimmt alles: Sein Magen fordert mit Recht Nahrungszufuhr. Und wer zu den »normalen« Essenszeiten keinen Hunger verspürt, sollte sich nicht gezwungen fühlen, viel zu essen, und dennoch möglichst bei bestimmten Mahlzeiten, zum Beispiel dem Essen mit der ganzen Familie, anwesend sein. Wer sich unmittelbar nach einer Mahlzeit träge fühlt und nach drei Stunden wieder schwach und hungrig, sollte in Erwägung ziehen, häufiger kleinere Mengen zu sich zu nehmen. Eine regelmäßige, aber nicht übermäßige Aufnahme von Kalorien, besonders der wichtigen Kohlehydrate, kann nicht nur helfen, das Auf und Ab der Ermüdung zu verhindern – es kann tatsächlich dazu beitragen, Übergewicht zu reduzieren. Wir erwähnten schon, daß ein Großteil der Aufregung über Hypoglykämie in den letzten Jahren nicht auf gründlichen Messungen des Blutzuckers basierte. Dennoch ist die vorgeschlagene Lösung, viele kleine Mahlzeiten einzunehmen und Zucker zu vermeiden, hilfreich, weil dadurch über den Tag verteilt dem Gehirn (und allen anderen Organen) besser verwertbare Nährstoffe zugeführt werden.

Die Behebung von Eisenmangel ist normalerweise auch unproblematisch. Fleisch und Fisch, Innereien wie Leber und Nieren (wenn man dies mag), Vollkornspeisen und frisches grünes Gemüse sind ausgezeichnete Eisenlieferanten, auch wenn nur ein kleiner Prozentsatz des aufgenommenen Eisens tatsächlich absorbiert wird. Auch unzählige Vitaminpräparate und Mittel enthalten Eisen. Wenn also jemand trotz ausgewogener Ernährung unter Eisenmangel leidet, sollte er zwei- bis dreimal täglich spezielle Eisentabletten einnehmen. Ihr Arzt kann Ihnen bestimmt ein gutes Präparat empfehlen und seine Wirkung überwachen. (Verstopfung ist bei Eisenpräparaten eine häufige Begleiterscheinung. Dadurch kann es nötig sein, zusätzliche Flüssigkeit und Stuhlweichmacher einzunehmen.)

Durch die Beachtung einiger grundlegender Empfehlungen lassen sich bei den meisten Menschen Ernährungsprobleme vermeiden. Die folgenden Vorschläge stimmen mit den Empfehlungen der Gesundheitsorganisationen überein, die den üblichen »Zivilisationskrankheiten« den Kampf angesagt haben. Dazu gehören Bluthochdruck, Herzinfarkt, Schlaganfälle und Diabetes, die alle auch durch die Ernährung gefördert werden können – und wichtige Energieräuber sind.

Vernünftige Eßgewohnheiten

Abwechslung und Frische. Jeder durchschnittliche Supermarkt in unserem Land sowie das Lebensmittelgeschäft an der Ecke verfügen über ein so reichhaltiges Angebot an Nahrungsmitteln, daß es einem Besucher aus den meisten Ländern dieser Erde die Sprache verschlägt. Uns steht eine unglaubliche Vielfalt an Fleisch, Gemüse, Obst und Getreide zur Verfügung. Tägliche Abwechslung ist kein Problem und beugt bei den meisten Menschen Mangelerscheinungen vor.

Außerdem sind frische Produkte nährstoffreicher als eingefrorene (wenn auch nicht sehr). Beide sind weitaus gesünder als Dosennahrung. Selbst hergestellte Gerichte aus rohen Produkten, bei deren Zubereitung auf eine sparsame Verwendung der wenig erwünschten Zusatzstoffe (wie Zucker und Salz) geachet wird, sind sicher gesünder und billiger als Fertigmahlzeiten, die meistens schon stark verarbeitet sind.

Weniger Fett, mehr Kohlehydrate! Die meisten Menschen erwarten bei den Hauptmahlzeiten unweigerlich ein ordentliches Stück Fleisch. Auf praktisch jeder Speisekarte werden die Gerichte nach den Fleischsorten geordnet: Kalb-, Rind-, Schwein-, Lamm-, Wild-, Fisch; damit bezieht sich beim Bestellen die wichtigste Entscheidung auf das Fleisch. Kaum ein Restaurant bietet Fleisch nur als Beilage an. Höchstens für das Frühstück. Die meisten Schnellimbißgerichte gruppieren sich um Hamburger und Pommes Frites (oder gebratenem Hähnchen). Zu einem ordentlichen Frühstück gehören Eier.

Leider haben alle diese vorzüglichen Eiweiße und Fette die unangenehme Angewohnheit, Arterien zu verstopfen, die Hüften zu verbreitern, das Risiko für Diabetes und seine Komplikationen zu erhöhen und wenigstens einige Krebsformen zu fördern.

Doch inzwischen sind Kohlehydrate wie (ungeschälter) Reis, (ausgemahlener) Weizen und anderes Getreide, Kartoffeln – bevor sie mit Butter, Käse und Sauerrahm »verfeinert« werden, die meisten Obst- und Gemüsesorten zu Ernährungsrennern des ausgehenden zwanzigsten Jahrhunderts geworden. Sie enthalten mehr Nährstoffe und weniger Kalorien und Cholesterin, und ihre unverdauten Reststoffe (die als Ballaststoffe zusammengefaßt werden) machen den Stuhl weicher und verringern das Risiko auf Erkrankungen des Verdauungssystems. In Anbetracht dieser Vorteile empfehlen alle Ernährungsstellen, ungefähr die Hälfte der täglichen Kalorien aus dieser Nahrungsmittelkategorie aufzunehmen. In den letzten Jahrzehnten betrug ihr Anteil nur 25 bis 30 Prozent.

Salz- und Zuckerverbrauch einschränken! Das Natron, das in gewöhnlichem Speisesalz und zahlreichen Speisen vorkommt, ist lebensnotwendig. Zum Glück ist Natron außer in den strengsten Diätplänen in allen Speisen reichlich vorhanden. Leider kann aber zu viel Salz den Blutdruck erhöhen, einem müden Herzen seine Arbeit noch erschweren oder zu unangenehmen Flüssigkeitsansammlungen führen. Zum Glück genügt es bei den meisten Menschen, wenn sie ihr Essen nicht zusätzlich nachsalzen oder es wenigstens erst einmal probieren, bevor sie entscheiden, ob Salz nötig ist oder nicht. Außerdem sollte der regelmäßige Verzehr von salzigen Speisen – Pommes Frites, Pökelfleisch, Fertigsuppen und Schnellgerichten – eingeschränkt werden. Bei den wenigsten, die mit ihrem Herzen, dem Blutdruck oder den Nieren Probleme haben, ist eine weitere Einschränkung nötig.

Ähnlich ist es mit dem Zucker. Er ist in seinen vielfältigen Erscheinungsformen (Zucker, Honig, Sirup und in zahlreichen Müslis, Getränken und Knabbereien) nicht für das Fortbestehen oder den Zerfall der westlichen Zivilisation verantwortlich (wie einige Autoren gern behaupten), aber er hat unserem Körper außer einem angenehmen Geschmack und einem kräftigen Kalorienschub wenig zu bieten. Es wird empfohlen, den täglichen Zuckerkonsum von einem Viertel des täglichen Kalorienbedarfs auf unter zehn Prozent zu reduzieren. Dafür sind einige relativ einfache Umgewöhnungen erforderlich: beispielsweise süße alkoholische Getränke zu reduzieren oder völlig darauf zu verzichten, Nachspeisen durch Obst zu ersetzen (jedoch nicht durch süßes und klebriges Trockenobst) und zuckerfreie Müslis statt der angebotenen Kalorienbomben zu kaufen bzw. selbst herzustellen.

Vernünftige Erwartungen

Sie denken jetzt wahrscheinlich: Das klingt ja wie eine Stunde Gesundheitserziehung: Iß weniger Fleisch, Fett, Salz, Zucker, Süßigkeiten, Alkohol und Knabbereien. – Iß viel Obst, Gemüse und Getreide. – Zieh los und kaufe rohe Produkte. – Backe dein Brot selbst. – Kaufe keine Fertigprodukte und verbringe jeden Tag viele Stunden mit dem neuesten Kochbuch für Vollwertkost in der Küche. – Und wenn etwas gut schmeckt, dann mach einen weiten Bogen darum, nicht wahr?

Nein, nicht ganz.

Uns interessiert die Frage: Bringt diese Ernährungsänderung einem Menschen, der unter Müdigkeit leidet, mehr Energie?

Die Antwort ist ein großes »Vielleicht!« Denn viele Menschen, die sich so ungesund ernähren, daß sich einem der Magen umdreht, sind in der Tat beeindruckende Energiebündel. Aber wahrscheinlich müssen sie eines Tages noch dafür bezahlen, wenn sie weiter auf dieser breiten Straße wandern, die fast unweigerlich zu den Zivilisationskrankheiten führt.

Aber jene Menschen, die chronisch müde sind und sich einer ungesunden, einseitigen, kalorienüberladenen Ernährung verschrieben haben, werden sich wahrscheinlich letzten Endes besser fühlen, wenn sie ihren biochemischen Motor mit hochwertigerem Kraftstoff versorgen.

Wie weit sollte man gehen?

Die den besten Erfolg versprechenden Ernährungskonzepte lauten, besonders, wenn Veränderungen angesagt sind: Mäßigung und allmähliche Veränderungen. Gelegentlich ein Glas Likör, ein Eisbecher, ein Schnellimbißgericht oder gar eine Tafel Schokolade bringt niemanden um. Aber von dem ständigen Genuß dieser und ähnlicher Speisen ist abzuraten. Ein kleines Steak verstopft noch nicht die Herzarterien. Aber wenn man sich nur von Currywurst und Pommes Frites ernährt, arbeitet man zielsicher auf den ersten Herzinfarkt hin.

Nur wenige haben ein gesteigertes Interesse daran, Ernährungsfanatiker zu werden, die ihren Urlaub bei vegetarischen Kurhäusern buchen und Einladungen zum Essen ablehnen, weil sie sich vor Giftstoffen fürchten, die sie möglicherweise unwissentlich aufnehmen könnten.

Aber warum sollte man nicht einmal zum Mittagessen einen frischen Fisch statt eines Steaks probieren? Warum kann man das Hähnchen nicht einmal grillen, statt es in triefendem Fett zu backen? Wer hat denn bestimmt, daß zu einem ordentlichen Frühstück viel Butter und Marmelade gehören muß? Warum sollte man nicht einmal die Salatbar anstelle des doppelten Cheeseburgers ausprobieren? Wer weiß – es könnte eine angenehme Erfahrung sein. Eine allmähliche, schrittweise Änderung der Eßgewohnheiten ist wahrscheinlich auf Dauer erfolgreicher als ein drastischer Umstieg.

Eine Nachbemerkung für alle, die eine frühere Fußnote nicht gelesen haben: Da dieses Kapitel nicht den Anspruch erhebt, eine umfassende Stellungnahme über Ernährung abzugeben, empfiehlt es sich sehr, ein gutes Buch zu diesem Thema zu kaufen.

b) Ein anderer Energieräuber

Nachdem wir uns auf den letzten Seiten mit Mangelerscheinungen in der Ernährung als mögliche Gründe für Müdigkeit befaßt haben, ist es jetzt an der Zeit, einen Blick auf das häufigste Problem beim Essen zu werfen: *zu viel Essen*. Ob es uns gefällt oder nicht: Die Bemühungen der modernen Technik, Körperkraft einzusparen, und ein großes Angebot an kalorienreichen Speisen (besonders tierischer Produkte, die für die meisten Menschen auf der Welt ein seltener Luxus sind) haben die kühnsten Träume übertroffen. Diese zwei Tatsachen in der westlichen Gesellschaft sind praktisch die Garantie für eine allmähliche Gewichtszunahme im Leben eines Erwachsenen, wenn keine bewußten Schritte in die andere Richtung unternommen werden. Wie oft werden diese traurigen Sätze unter Freunden oder in der Arztpraxis wiederholt (Sie können die Lücken selbst ergänzen):

»Ich habe meine Eßgewohnheiten nicht geändert. Wenn sich überhaupt etwas geändert hat, dann esse ich jetzt weniger. Aber ich wiege trotzdem ___ Pfund mehr als vor ____ Jahren.«

»Ich habe vor einem Vierteljahr begonnen _____ (radzufahren, spazierenzugehen, Gymnastik zu betreiben), aber nichts hat sich seitdem geändert.«

»Ich habe mit _____ (den Weight Watchers, Schlankheitspillen, der neuesten Grapefruit- und Artischockendiät) _____ Pfund abgenommen, und innerhalb ____ (Monaten oder Jahren) das ganze Gewicht wieder zugelegt.«

Körperliche Energieräuber

Wie bei so vielen anderen Energieräubern kann auch das Ausmaß, in dem die überschüssigen Pfunde zu der chronischen Müdigkeit beitragen, erheblich schwanken. Bei stark übergewichtigen Personen (die mehr als die Hälfte ihres Idealgewichts zusätzlich mit sich herumschleppen), sind körperliche Komplikationen unvermeidlich. Blutdruck, Cholesterinspiegel und Blutzuckerspiegel sind wahrscheinlich erhöht und verstärken das Risiko für Erkrankungen der Herzkranzgefäße, Herzinfarkte, Herzversagen und ihre unangenehmen Begleiterscheinungen. Knochen und Gelenke nutzen sich wahrscheinlich eher ab oder werden bei kleinen Unfällen leichter verletzt. Jede Operation kann zu größeren Komplikationen führen.

Neben den verschiedenen Krankheiten, die durch diese zusätzliche Belastung des Körpers gefördert werden, ist die körperliche Anstrengung, die nötig ist, um sich von einer Stelle an eine andere zu bewegen, an sich schon erschöpfend und kräfteraubend.

Die körperliche Energiebelastung durch zu viele überschüssige Pfunde kann bei leicht oder nur mäßig übergewichtigen Personen weniger dramatisch sein, aber die geistige und psychische Belastung ist bei allen deutlich spürbar. Da die meisten von uns von Natur aus dazu neigen, zuzunehmen, löst der Punkt, an dem das Aussehen und die Leistungsfähigkeit des Körpers zu wünschen übrig lassen, einen psychischen Grabenkrieg aus.

Psychische Energieräuber

Essen ist leicht. Essen ist schön. Essen stillt den Hunger. Essen ist eine Möglichkeit, Gesellschaft zu pflegen. Essen schenkt eine Arbeitspause. Essen kann die Arbeit weniger unangenehm machen. Essen kann die Freizeit bereichern. Essen kann Freude, Verzweiflung, Wut, Belastung oder Zufriedenheit bringen.

Weniger als gewohnt zu essen ist schwer. Etwas zu essen, das nicht so sättigend ist, ist schwer. Nicht zu essen, während die anderen essen, ist schwer. Nicht zu essen, wenn die Arbeit mühsam ist, ist schwer. Weniger zu essen oder überhaupt nicht zu essen, wenn es einem gut tun würde, ist morgen genauso schwer wie heute. Zu dem Ziel, dreißig Pfund abzunehmen, ist es ein weiter Weg. Jetzt nicht gleich zu essen, bringt keine unmittelbare Befriedigung. Und das Essen steht vor der Nase, sieht gut aus und riecht gut.

Aber die Kleider passen nicht mehr. Und der Anblick im Spiegel (besonders ohne Kleider) ist alles andere als eine Augenweide. Wenn ich recht darüber nachdenke, hat »meine Frau« oder »mein Mann« in den letzten Monaten auch öfter einmal hinter anderen hergesehen. Und das Schwimmbad ist ein Schreckgespenst geworden. Aber bis zum Sommer dauert es noch lang …

Und so bleibt alles beim alten. Für viele ist das Gewicht an sich nicht so sehr ein körperlicher Energieräuber, doch die endlosen inneren Kämpfe bilden ein ständiges Energieleck. Die verzweifelte Suche nach einem Ausweg aus diesem Konflikt hat über Jahrzehnte hinweg zu einem beträchtlichen Überangebot an Märchen, Phantasien und offenem Betrug mit dem Abnehmen geführt.

c) Ineffektive Energiespender

Diätpillen

Eine der ersten Patientinnen, die mich in meiner Praxis besuchte, stellte mir bei jedem Besuch dieselbe Frage:

»Was werden Sie wegen meines Gewichts unternehmen?«

Ich?

Sie hoffte anscheinend auf die Erfindung eines Zaubertranks – ein Medikament, das entweder das Interesse am Essen nimmt oder einem erlaubt, alles zu essen, was gut aussieht, aber trotzdem abzunehmen.

Soviel ich weiß, wartet sie immer noch.

Die wenigen Medikamente, die bei Diäten helfen sollen, haben auf den ersten Blick eine gewisse Wirkung. Sie können jedoch nur in sehr begrenztem Umfang und nicht über einen längeren Zeitraum den Appetit unterdrücken. Außerdem steckt in allen die Gefahr, den Pulsschlag und den Blutdruck zu erhöhen, und in einigen auch die Möglichkeit, daß man sich daran gewöhnt.

Die schlimmsten dieser Sorte, die Amphetamine oder Weckamine, werden von skrupellosen »Diätärzten« verschrieben, die sich wenig Gedanken über die häufig auftretenden, gravierenden Nebenwirkungen – psychische und körperliche Abhängigkeit oder einen möglichen Mißbrauch – machen. Dieselben Kurpfuscher haben auch keine Hemmungen, hohe Dosen von Schilddrüsenhormonen zu verschreiben, die den Stoffwechsel des Körpers beschleunigen (das ist so ähnlich, als verstelle man den Leerlauf bei einem Auto), aber gleichzeitig ein großes Risiko bedeuten, daß zu viele Giftstoffe im Körper zurückbleiben. Ob neue Antidepressiva den Appetit bei den meisten Menschen ohne größere Nebenwirkungen zügeln und dann auch bei Diäten eingesetzt werden, bleibt abzuwarten.

Das Problem bei Diätpillen, ob sie nun geringe oder gefährliche Nebenwirkungen haben, besteht darin, daß sie am Verhalten und Aussehen des Patienten nichts ändern. Wenn das Medikament einmal abgesetzt wird oder nicht mehr wirkt, bleibt der ständige Konflikt in seiner ganzen Kraft bestehen. Aber diese Mittel werden auch weiterhin einen guten Absatzmarkt bei den Menschen finden, die nicht bereit sind, aktiv bei ihren täglichen Entscheidungsprozessen mitzuarbeiten.

Operationen

Operationen wie das Abklemmen eines Teils des Darms oder Magens weisen eine lange und erschreckende Geschichte auf. Diese Methoden kosten allzu oft mehr als nur viel Geld. Sie sollen dem Menschen ein künstliches Völlegefühl vermitteln oder verhindern, daß die Nahrung absorbiert wird. Diese Eingriffe haben nur einen sehr zweifelhaften Erfolg und bergen eine große Gefahr in sich. Leider haben schon viele Ärzte und Patienten genug Gelegenheit bekommen, etwas über die Stoffwechselstörungen dieser Patienten zu erfahren. Diese Methoden sind die drastischsten Maßnahmen überhaupt, um den langen Kampf zwischen Nahrungsaufnahme und deren Folgen zu umgehen.

Wundermittel

Wunderdiäten oder Vitamine, bei denen »die Pfunde nur so dahinschmelzen«, sind im Grunde die gleiche Augenwischerei wie Diätpillen, aber sie zeigen noch weniger Wirkung. Sie brauchen nur Anzeigen in den Regenbogenblättern lesen, dann erfahren Sie mehr über diesen Humbug. In unserer Stadt wurde kürzlich ungeniert für eine »Fettmagnetpille« geworben. Die Väter dieses Produkts wurden jedoch recht unsanft des Betruges beschuldigt. Kein Mittel kann den Stoffwechsel beschleunigen oder Fettzellen zum Schrumpfen bringen. Kein Vitamin verhindert die Aufnahme von unerwünschten Kalorien.

Eine teuere Variante dieses Themas ist die wundersame Welt der Abnehmspritzen, wie etwa HCG (Human Chorionc Gonadotropin, ein Hormon, das die menschliche Plazenta während der Schwangerschaft produziert) und eine breite Palette anderer Hormonextrakte. Bei den meisten dieser Mittel wird gleichzeitig eine strenge Diät gefordert. Raten Sie einmal, was hier wirklich hilft?

Geräte und Instrumente, die das Gewicht reduzieren:

Gürtel, Kissen, Vibratoren oder andere Geräte, die von sich behaupten, Fett zu komprimieren, durcheinanderzurütteln oder abzubauen, sind ebenfalls uneffektiv und kostspielig. Die Anweisungen, die mit diesen Geräten geliefert werden, enthalten einen Diätplan. Muß ich noch mehr dazu sagen?

Hypnose

Hypnose und Tonbänder mit Botschaften an das Unbewußte sind ein weiterer Versuch, dem eigentlichen Konflikt aus dem Weg zu gehen. Man geht dabei davon aus, daß das Unbewußte »programmiert« werden könnte, automatisch das Richtige zu tun, und dann der restliche Körper folgen würde. Wäre das nicht nett, wenn wir uns nicht mehr so sehr mit Entscheidungen abquälen müßten? Leider weisen solche Versuche sowohl in der Theorie als auch in der Praxis und in ihren Ergebnissen hoffnungslos einen falschen Weg. Die Beweise, daß Botschaften an das Unbewußte (das heißt, Botschaften, die man mit dem Bewußtsein nicht aufnehmen kann) tatsächlich das Verhalten beeinflussen, sind mager genug. Sie werden nur in den Zeugnissen derer gerühmt, die diese Produkte verkaufen wollen.

Akupunktur

Auch Akupunktur und Akupressur sind zwei passive Therapien. Gegen einen kleinen Geldbetrag verändern einige Klipse ins Ohr oder Nadeln an die richtige Körperstelle oder Druck über dem richtigen Punkt den Appetit. Das klingt zu gut, um wahr zu sein, sagen Sie? Allerdings. Andererseits hege ich den Verdacht, daß jemand, der sich für mehrere hundert Mark diese Behandlung gekauft hat, fest entschlossen ist, daß sich diese Investition auch lohnt, und daß diese Entschlossenheit – wenigstens für eine Weile – eine wichtige Rolle spielt: Reduzierte Nahrungsaufnahme begleitet das Unternehmen – man tut etwas fürs Geld.

Alle diese »Methoden«, mit Übergewicht fertig zu werden, befreien ihre verzweifelten Kunden weitaus häufiger von ihrem Geld als von ihren überschüssigen Pfunden. Alle gaukeln dem Betroffenen vor, es gäbe eine Lösung des Problems ohne seine eigene Entscheidung, Planung und Disziplin. Sie sind alle mehr oder weniger stark darauf aufgebaut, Wünsche zu erfüllen und das eigentliche Problem zu leugnen.

d) Effektive Energiespender

Was funktioniert nun? Nichts. Nur Sie oder ich können etwas bewirken. Und wenn Sie oder ich dazu bereit sind, funktioniert fast alles. Das klingt vielleicht zu einfach, ergibt sich aber aus einigen Grundregeln, die zu langfristigem Erfolg beim Abnehmen führen.

Geheimnis Nr. 1:

Es gibt keine magischen Geheimnisse, die zu gesundem Körpergewicht führen!

Geheimnis Nr. 2:

Akzeptieren Sie die Grundgesetze beim Essen!

Erstens: Ob Sie zunehmen oder abnehmen, hängt nur von zwei veränderlichen Werten ab: wieviel Sie zu sich nehmen und wieviel sie verbrauchen. Da der Körper einen ständigen Kraftstofffluß benötigt, und da er dafür geschaffen wurde, auch Zeiten zu überleben, in denen er nicht jeden Tag neuen Kraftstoff bekommt, kann er problemlos überschüssigen Kraftstoff für die sprichwörtlich mageren Tage speichern. Leider ist die Speicherkapazität nahezu unbegrenzt, aber der Verbrauch nicht.

Zweitens: Man nimmt zu (setzt Fett an), wenn man mehr ißt, als man verbraucht. Man nimmt ab, wenn der Körper mehr Kraftstoff verbraucht, als er bekommt (beides logisch!). Trotz gegenteiliger Behauptungen sind der Geschwindigkeit, mit der Fett zugenommen oder abgenommen werden kann, biologische Grenzen gesetzt. Die Menge an Körperflüssigkeit kann sich jedoch schnell ändern. Die meisten, die sich einer Abmagerungsdiät unterziehen, können sich am Anfang über einen schnell sichtbaren Erfolg freuen. Dieser hängt mit der Produktion von sogenannten Ketonen zusammen; das sind Verbindungen, die Wasser aus den Nieren ziehen, wenn das Fett mobilisiert wird. Diese Flüssigkeitsveränderungen stabilisieren sich schließlich – wenn das nicht so geregelt wäre, würden Menschen, die abnehmen, wie Dörrpflaumen zusammenschrumpfen –, wenn ein neues Gleichgewicht erreicht ist, bei dem die aufgenommene Flüssigkeit gleich hoch wie die verbrauchte und ausgeschiedene Flüssigkeit ist. Jetzt setzt sich der eigentliche Gewichtsverlust langsamer und weniger aufregend fort.

Unser Körper muß 3.500 Kalorien mehr verbrauchen, als wir aufnehmen, um ein Pfund Fett abzubauen. Das heißt, wenn wir körperlich schwere Arbeit verrichten und nichts essen, verlieren wir vielleicht ein Pfund Fett am Tag. Realistischer ist es, jeden Tag 1.000 Kalorien weniger als gewöhnlich aufzunehmen, um in einer

Woche ein Defizit von 7.000 Kalorien zu ereichen, das heißt zwei Pfund abzunehmen. Euphorische Behauptungen, die davon sprechen, daß man dreißig Pfund in einem Monat abnimmt, meinen damit wahrscheinlich ein bißchen Fett und viel Flüssigkeit, wie bereits oben erklärt wurde. Aber niemand kann allein durch Ernährungsumstellung über längere Zeit jeden Tag ein Pfund Fett (oder irgendetwas anderes) abnehmen.

Drittens: Der Kaloriengehalt in verschiedenen Speisen wurde errechnet und ist in vielen Büchern und Broschüren nachzulesen. Diese Zahlen ändern sich nicht von Jahr zu Jahr oder von Mensch zu Mensch. Jedoch kann der tägliche Kalorienverbrauch von Mensch zu Mensch und sogar bei ein und demselben Menschen zu verschiedenen Zeiten in seinem Leben tatsächlich erheblich schwanken. Es kommt nicht selten vor, daß zwei Menschen die gleiche Menge an Nahrung zu sich nehmen und der eine zunimmt, während der andere abnimmt oder überhaupt nicht darauf reagiert. Außerdem sind mehr Kalorien nötig, um Muskeln zu erhalten, als um Fett zu erhalten. Somit kann der dünne, schlanke Mensch tatsächlich oft mehr essen, ohne zuzunehmen, als der Schwergewichtige.

Bei den meisten Menschen wird mit zunehmendem Alter der Kraftstoff langsamer verbrannt. Leider werden die Eßgewohnheiten nur selten entsprechend angepaßt. Das ist einer der Hauptgründe für das häufig zu beobachtende Phänomen, daß viele im mittleren Alter zunehmen. Noch problematischer ist es, daß man häufig langsam, aber beständig zunimmt. Zwanzig Kalorien – ungefähr ein Teelöffel Zucker – zuviel am Tag führen im Laufe eines Jahres zu einer Gewichtszunahme von zwei Pfund oder zwanzig Pfund in zehn Jahren.

Bei manchen Krankheiten erhöht der Körper seinen Kalorienverbrauch. Dies ist am auffälligsten bei Krebs und einer Schilddrüsenüberfunktion (wenn die Schilddrüse zu viele Hormone ausschüttet). Versuche, den Stoffwechselumsatz (medikamentös) künstlich zu erhöhen, funktionieren entweder nicht, oder sie lösen eine neue Krankheit aus. Ich kann Ihnen nur raten, die Finger davonzulassen.

Viertens ist es sehr schwer, allein durch eine sportliche Betätigung abzunehmen, wenn man nicht gleichzeitig seine Eßgewohnheiten umstellt. Ein hundert Kilogramm schwerer Mann, der sechs Kilometer in der Stunde marschiert (ein ziemlich flotter Gang), verbrennt in einer halben Stunde weniger als 250 Kalorien – damit mobilisiert er ungefähr fünfzig Gramm Fett, wenn sonst alles unverändert bleibt. Wir erwähnen dies nicht, um Ihnen vom Sport abzuraten, sondern damit Sie sich nicht entmutigen lassen, wenn sie nach mehreren Wochen, in denen Sie täglich Sport treiben, aber Ihre Nahrungsaufnahme nicht einschränken, kaum spürbare Gewichtsveränderungen erleben. Außerdem ist nicht zu übersehen, daß eine vermehrte körperliche Betätigung das Muskelgewebe aufbaut, das dichter (und damit schwerer) ist als Fett. Es ist somit möglich, daß jemand, wenn er ein bißchen mehr Sport treibt, dünner aussieht, daß sich aber an seinem Gewicht nicht viel ändert.

Geheimnis Nr. 3:

Akzeptieren Sie es als Tatsache, daß Sie nicht alles essen können, was Sie gern essen würden!

Wenn man das wirklich akzeptieren kann, ist der Gedanke, das zu essen, was wir wirklich benötigen, und nicht alles, was wir in die Finger bekommen können oder gern essen würden, nicht ganz so unangenehm. Diese Beobachtung gilt auch für die Angewohnheit, daß immer der Teller leergegessen werden muß. Einige von uns können den Gedanken nicht ertragen, daß Essen weggeworfen wird, und sehen sich deshalb gezwungen, etwas zu essen, das sonst im Mülleimer landen würde, auch wenn sie schon völlig satt sind. Aber das Essen, das weggeworfen wird, schafft Ihnen keine Gewichtsprobleme! Lieber Wegwerfen als Ansetzen! Noch besser: Lieber den Teller weniger füllen!

Geheimnis Nr. 4:

Kleine Essensmengen melden dem Gehirn genauso, daß der Hunger befriedigt ist, wie große Mengen!

Der Hunger wird kein bißchen früher gestillt, wenn man schnell ißt, als wenn man seine Mahlzeiten langsamer zu sich nimmt. Dabei kann man das Essen nicht nur besser genießen und Verdauungsprobleme vermeiden, sondern nimmt auch weniger Kalorien auf.

Geheimnis Nr. 5:

Sagen Sie nicht, Sie wollen »sich eine Diät auferlegen«! Das klingt, als wollten Sie sich für Verfehlungen in der Vergangenheit eine Strafe auferlegen, und wenn die Strafe abgesessen ist, könnten Sie so weiterleben wie vorher. Falsch! Wenn Ihr vorhergehender Lebensstil zu zwanzig oder achtzig Pfund Übergewicht geführt hat, werden Sie dieselben Folgen zu spüren bekommen, wenn Sie dasselbe Verhalten wieder von vorn beginnen.

Akzeptieren Sie, daß ein richtiger Umgang mit dem Essen (genauso wie ein richtiger Umgang mit Geld) ein lebenslanger Prozeß ist, wahrscheinlich auch ein lebenslanger Kampf. Wenn man sich mit dieser Tatsache abfindet und entsprechend handelt, kann dies sehr befreiend wirken. Statt viel Zeit und Energie auf die ganzen Programme und Pillen und fragwürdigen Therapien zu verwenden, die im Grunde nichts anderes sind als ein Leugnen des Problems, kann man seine Kräfte sinnvoll einsetzen und auf das lohnende Ziel hinarbeiten, einen gesünderen, schlankeren und leistungsfähigeren Körper zu bekommen.

Geheimnis Nr. 6:

Entscheiden Sie sich für einen Ernährungsplan, und halten Sie sich daran!

Nehmen Sie mehrere Ernährungspläne unter die Lupe (ich habe nichts von Diäten gesagt!), wählen Sie einen aus, von dem Sie meinen, daß Sie damit leben können, und halten Sie durch. Bitte bedenken Sie, daß Sie bei jedem Ernährungsplan abnehmen können, wenn Sie weniger Kalorien aufnehmen, als Sie verbrauchen. Selbst eigenartige, dumme, unvernünftige Essenspläne funktionieren, wenn Sie dabei weniger Kalorien zu sich nehmen, als Ihr Körper verbrennt. Da die Buchregale mit solchen eigenartigen, dummen, unvernünftigen Essensplänen zum Bersten voll sind, sollten Sie sehr vorsichtig sein, ehe Sie zu jemandem sagen: »Sage mir, was ich tun soll, und ich tue es.« Aber wenn Sie eine vernünftige Wahl getroffen haben, sollten Sie sich nicht so leicht wieder davon abbringen lassen.

Unter den vielen Möglichkeiten für Essenspläne funktioniert der Plan: »Ich versuche einfach, weniger zu essen,« nur bei den wenigsten. Den allerwenigsten. Dem Rest rate ich, etwas Greifbares, Konkreteres zu wählen. Einige Möglichkeiten wären:

Bücher. Bücher haben den Vorteil, daß sie mit geringen Ausgaben verbunden sind. (Sie können ausgeliehen werden, wenn Geld eine Rolle spielt. Obwohl es angenehm ist, ein eigenes Exemplar zu besitzen.) Sie ermöglichen außerdem eine größere Intimsphäre während des Abnehmprozesses. Aber dieser Vorteil kann sich auch negativ auswirken, wenn die nötige innere Motivation fehlt. Man kann viel gewinnen (und Gewicht verlieren), wenn man anderen gegenüber Rechenschaft ablegen muß. Ob es uns gefällt oder nicht, aber viele von uns sind bereit, etwas nur zu tun, um ihr Gesicht zu wahren. (Das gleiche gilt auch, wie bereits erwähnt, für Sport.) Außerdem können wir viel Ermutigung erfahren, wenn wir sehen, welche Fortschritte andere machen, oder von ihren Kämpfen hören und erfahren, welche hilfreichen Tricks andere anwenden. Die im folgenden aufgezählten Möglichkeiten nutzen diese Kontrolle durch andere.

Selbsthilfegruppen. Es gibt landesweite oder internationale Selbsthilfegruppen wie die Weight Watchers mit Gruppen in vielen Städten. Diese Organisationen verteilen Informationsmaterial und informieren über Methoden, die Gesundheitsexperten als vernünftig und erfolgversprechend anerkennen. Sie sind außerdem wesentlich billiger als viele andere Programme. Damit man selbst jedoch davon profitieren kann, muß man sich in der Gruppe und bei den einzelnen Teilnehmern und Mitgliedern wirklich wohl fühlen.

Einzelbetreuung. Die Betreuung durch einen anerkannten Ernährungsexperten ist eine gangbare Alternative für jemanden, der sich in einer Gruppe nicht so wohl fühlt. Außerdem ermöglicht die individuelle Betreuung ein zielgerichteteres Angreifen konkreter Probleme bei der jeweiligen Person. In einer Stunde kann mehr erreicht werden, wenn der Ernährungsfachmann einem einzigen seine volle Aufmerksamkeit widmen kann und nicht auf eine ganze Gruppe eingehen muß.

Dieser Service wird vielleicht in Ihrem Krankenhaus oder durch Ihre Krankenkasse angeboten, oder möglicherweise arbeitet ein Ernährungsfachmann mit einem niedergelassenen Arzt in Ihrer Stadt zusammen. Einige haben sich bereits selbständig gemacht. Wie bereits erwähnt, sollten Sie um »Diätspezialisten«, die große Versprechungen machen, ungewöhnliche Ernährungspläne aufstellen und viele Präparate und Ersatzstoffe anbieten, einen weiten Bogen machen.

Ernährungsprogramme. Programme wie Nutri-Systems oder Jenny Craig in den USA gehen umfassender an das Problem heran. Nach einer Grundgebühr, die von der jeweils erwünschten Gewichtsabnahme abhängig ist, kauft sich der Teilnehmer mehrere Wochen lang aus dem Programm die entsprechenden Nahrungsmittel und besucht gleichzeitig Kurse und Kleingruppen. Nach dem Übergang zurück zu den Lebensmitteln, die in einem normalen Geschäft gekauft werden können, werden die Teilnehmer nachbetreut. Normalerweise wird auch ein Teil des Geldes zurückgezahlt, wenn man das niedrigere Gewicht über einen bestimmten Zeitraum halten kann.

Solche Programme sind für Menschen, die sich – wenigstens am Anfang – nicht ständig den Kopf über die Entscheidung, was und wieviel sie essen sollen, zerbrechen wollen. (Die meisten von uns sind nicht allzusehr erpicht darauf, sich ihre Portionen abzuwiegen oder bei jeder Mahlzeit ständig mit Meßbecher und Taschenrechner zu hantieren.) Diese Methode, daß man, ohne sich viele Gedanken zu machen, vorgeschriebene Mengen zu sich nimmt, vermittelt eine allgemeine Vorstellung davon, wieviel 1.000 oder 1.500 Kalorien sind. Natürlich muß man an einem bestimmten Punkt lernen, mit dem Essen richtig umzugehen, aber das kann im Laufe der Zeit während der Kurse geschehen.

Ein großer Nachteil dieser Programme ist der Preis. Man gibt mehrere hundert Mark aus (größtenteils für das Essen, das natürlich wesentlich mehr kostet, als wenn man sich das gleiche in einem Geschäft selbst kaufen würde). Andererseits ist das Geld gut angelegt, wenn das Programm sich auf lange Sicht als erfolgreich erweist.

Ein anderer Gesichtspunkt, den man nicht außer acht lassen sollte, ist der Geschmack des Essens. Wird der Geschmack des Essens zum Stolperstein, wenn der Reiz des Neuen verschwindet?

Die gefährlichste Falle bei diesem Programm ist die Neigung, nicht mehr durchzuhalten, wenn es an der Zeit wird, »allein weiterzumachen«. Eines der bereits genannten Geheimnisse sollte dabei bedacht werden: Dies ist ein lebenslanger Prozeß, und man ist noch lange nicht am Ziel, wenn man sein Wunschgewicht erreicht hat.

Die Hauruck-Methode. In einigen Orten wird eine eiweißhaltige Abmagerungskur angeboten. Bei diesen Kuren wird über mehrere Wochen überhaupt kein Essen aufgenommen. Um einem Muskelabbau entgegenzuwirken, muß man jeden Tag einige hundert Kalorien an Eiweiß in einem mehr oder weniger wohlschmeckenden Saft trinken. Diese Methode birgt einige Gefahren in sich und sollte nur unter ärztlicher Aufsicht angewandt werden. Eine körperliche Untersuchung am Anfang und die laufende Überwachung der Blutwerte während dieser Abmagerungskur sind nötig. Nach einer überwachten Phase, in der man wieder zu essen beginnt, folgt bei den meisten Programmen dieser Art eine längere Nachbetreuungsperiode.

Geht man davon aus, daß keine medizinischen Risiken bestehen, ist diese Hauruckmethode jemandem, der viel Übergewicht loswerden will, am ehesten anzuraten, besonders dann, wenn andere Methoden sich bereits als erfolglos erwiesen haben und körperliche Beschwerden vorliegen (wie Bluthochdruck oder ein erhöhter Cholesterinspiegel), die sich bei einer spürbaren Veränderung des Körpergewichts entscheidend verbessern könnten.

Diese Programme sind zwar ziemlich kostspielig, aber die Kosten werden manchmal teilweise von der Krankenkasse übernommen, wenn die Behandlung von einem Arzt empfohlen wird. Die tägliche Eiweißration kann fast unerträglich monoton werden, aber bei einigen wird dies durch den dramatischen Gewichtsverlust mehr als ausgeglichen.

Die größte Gefahr bei diesen Abmagerungskuren ist die Zeit danach. Wenn keine weiterführende, längere Nachbetreuung über mehrere Monate (oder länger) erfolgt, kann der ganze Erfolg wieder zunichte gemacht werden.

Geheimnis Nr. 7:

Neben der Veränderung der Nahrungsaufnahme kann auch eine Psychotherapie nötig sein. Bei einigen ist diese Therapie vielleicht sogar wichtiger als Informationen über eine bessere Ernährung.

Wir essen aus den verschiedensten Gründen und bei weitem nicht nur dann, wenn wir Hunger haben. Alle möglichen Probleme essen wir uns von der Seele und können so zu Übergewicht führen. Selbst die ausgeklügeltsten Ernährungsprogramme führen zu keinem bleibenden Erfolg, solange diese Punkte nicht angesprochen werden. Angstzustände und Depressionen, die in unserer Gesellschaft beide sehr häufig auftreten, werden oft von gestörten Eßgewohnheiten begleitet.

Wenn das Essen zu einem Zwang wird, wenn es zu außergewöhnlich hohem Übergewicht führt, oder wenn das Gewicht ständig extremen Schwankungen unterworfen wird – mehrfach abwechselnde Völlerei und Abmagerungskuren, die womöglich auch noch mit Erbrechen oder Abführmitteln herbeigeführt werden –, ist eine psychologische Beratung unbedingt empfehlenswert. Es können vielschichtige Therapien gegen gestörtes Eßverhalten, auch die Behandlung in einem Krankenhaus nötig sein, wenn extreme Gewichtsprobleme zu der gefährlichen Magersucht führen.[10]

8. Nebenwirkungen

Räuber: Verschreibungspflichtige, rezeptfreie Medikamente und Suchtmittel

Spender: Absetzen dieser Mittel, wenn nötig

Einer der wichtigsten Gründe für chronische Ermüdung, der unter keinen Umständen übersehen werden sollte, ist die unerwünschte Nebenwirkung eines Medikaments. Müdigkeit kann sowohl durch verschreibungspflichtige als auch durch rezeptfreie Medikamente oder durch die sogenannten »Genußmittel« wie Tabak und Alkohol ausgelöst werden.

a) Energieraubende verschreibungspflichtige und rezeptfreie Medikamente

Wieviel Müdigkeit ein Medikament tatsächlich auslöst, hängt nicht nur von seiner Zusammensetzung ab, sondern auch von dem Patienten, der es einnimmt, und von der Dauer der Einnahme. Logischerweise wird ein Medikament, das nur einige Tage lang eingenommen wird, kaum eine chronische Müdigkeit verursachen. Andere Medikamente, die über einen längeren Zeitraum geschluckt werden, machen den Betreffenden vielleicht nur für eine kurze Dauer müde. Wieder andere lösen Müdigkeit erst dann aus, wenn sie eine Weile eingenommen werden.

Es ist ein schwieriges Unterfangen festzulegen, welches Medikament hinter der Müdigkeit stehen könnte, besonders bei älteren Patienten, die vielleicht sechs oder sieben verschreibungspflichtige Medikamente einnehmen, und ob deren Müdigkeit tatsächlich durch ein oder mehrere Medikamente ausgelöst wird. Manchmal ist es nötig, ein Medikament für eine Weile abzusetzen und zu beobachten, ob sich das Symptom bessert, und es dann wieder neu einzunehmen. Dies sollte natürlich nur mit der Zustimmung des Arztes geschehen, der es ursprünglich verschrieben hatte, da ein abruptes Absetzen in einigen Fällen gefährliche Auswirkungen nach sich ziehen kann. Wenn sich ein eindeutiger Zusammenhang zwischen dem Medikament und der Müdigkeit herauskristallisieren sollte – mit dem Medikament müde, ohne weniger müde –, sollte der Arzt versuchen, ein Ersatzpräparat zu finden.

In der folgenden Aufzählung von energieraubenden Medikamenten werden auch solche berücksichtigt, die ständig oder über mehrere Wochen oder Monate immer wieder eingenommen werden.

Antihistamine, übliche Mittel gegen Juckreiz und andere Allergien, können unmittelbare Schläfrigkeit oder längere Müdigkeit auslösen. Sie werden als Einzelwirkstoff oder in Zusammensetzungen mit abschwellenden Mitteln, die an sich selten diese Wirkung hervorrufen, angeboten.[11] Diese Wirkstoffe lindern zwar normalerweise erfolgreich die Symptome, aber sie bekämpfen keinen Virus. Je nach Präparat können sie lokalanästhetische, sedierende, eventuell vegetative Nebenwirkungen haben. Überdosierung führt zu Vergiftungen: Krämpfe, Halluzinationen, Koordinationsstörungen.

Man kann nicht vorhersagen, wer auf was wie reagiert. Einige unerwünschte Nebenwirkungen lassen sich vermeiden, wenn die Medikation genau auf das Problem zugeschnitten ist. Bei den üblichen Erkältungskrankheiten bewirkt ein einfaches Mittel eine befriedigende Linderung, ohne den Patienten schläfrig zu machen, der ohnehin in erster Linie Ruhe braucht. Bei einer Allergie der Nasenschleimhäute (bei der die laufende Nase und der Schnupfen nicht durch einen Virus ausgelöst wurde, sondern eine Reaktion auf Pollen, Schimmelpilze, Hausstaub oder andere Verursacher darstellt, die in der Luft liegen) sind Antihistamine weitaus effektiver. Um Schläfrigkeit und Müdigkeit zu vermeiden, kann man versuchen, das Antihistamin abends oder vor dem Zu-Bett-Gehen einzunehmen und tagsüber nur ein abschwellendes Mittel zu benutzen.

Noch besser ist es allerdings, wenn solche Antihistamine eingenommen werden, die nachgewiesen selten Nebenwirkungen auslösen.

Medikamente gegen Bluthochdruck

Bluthochdruck ist weit verbreitet und kann gefährlich sein. Sehr häufig sind Medikamente nötig, um den Blutdruck in einem erträglichen Rahmen zu halten. Dafür werden mehrere Medikamente auf dem Markt angeboten. Sie neigen verschieden stark dazu, Müdigkeit zu verursachen.

Viele Betablocker (Betarezeptorenblocker), die die Herzfrequenz niedrig halten und die Kraft jeder Kontraktion senken, sind bekannte Müdigkeitsmacher – die einen stärker, andere weniger stark. Die Wirkung der Medikamente aus dieser Gruppe ist schwer vorherzusagen. Die Steuerung des Blutdrucks durch das Nervensystem geht oft mit einer beruhigenden Wirkung einher. Andere Medikamente sind für ihre Müdigkeit und Depressionen auslösende Wirkung so bekannt, daß sie kaum noch verschrieben werden.

Blutdruckmedikamente, die normalerweise keine Müdigkeit auslösen, sind die Diuretika – »Wasserpillen«, die den Harnfluß fördern, Flüssigkeit bei Ödemen ausschwemmen und so das Flüssigkeitsvolumen des Körpers vermindern; die sogenannten ACE-Hemmer wie etwa Captopril, die die Produktion eines blutdruckerhöhenden Hormons in den Nieren verhindern; und die relativ neue Gruppe, die als Kalziumblocker bekannt sind, wie Verapamil oder auch Nifedipin. Aufgrund der günstigeren Nebenwirkungen und der Dosierung, die einmal täglich genügt, werden heute ACE-Hemmer und Kalziumblocker häufiger eingesetzt als die älteren Medikamente.[12]

Etwas sollte nicht vergessen werden: Bei einigen Menschen, besonders bei älteren, die längere Zeit an Bluthochdruck leiden, wirkt sich die Senkung des Blutdrucks allein schon ermüdend aus, wenigstens für einige Zeit. Deshalb ist es keine gute Idee, ein Medikament sofort abzusetzen, ohne genug Zeit abzuwarten, um seine Wirkungen und Nebenwirkungen sinnvoll beurteilen zu können.

Antidepressiva: Ironischerweise werden Antidepressiva oft zur Behandlung chronischer Müdigkeit, die durch Depressionen ausgelöst wurde, verschrieben. Das richtige Medikament für den richtigen Patienten kann zu einer spürbaren Verbesserung führen, aber da viele dieser Medikamente beruhigend wirken, kann dadurch die Müdigkeit noch verstärkt werden, besonders am Anfang. Ebenso wie bei Blutdruckmedikamenten ist es klug, ein Medikament nicht vorschnell abzusetzen, da die Nebenwirkungen oft nur vorübergehend auftreten.

Tranquilizer: Da Medikamente, die Angstzustände mindern, beruhigend wirken, liegt es nahe, daß sie auch Müdigkeit verursachen. Bei einigen Personen erzeugen sie Müdigkeit, indem sie die Nervosität lindern, die bei einer Depression unterschwellig zu beobachten ist, und die Depression voll zum Ausbruch kommen lassen.

Bei anderen wirken sich starke Angstzustände allein schon ermüdend aus. In diesem Fall bessert sich durch ein solches Medikament beides – für eine Weile. Das in der Öffentlichkeit bekannte Risiko bei allen Tranquilizern besteht darin, daß sie sowohl psychisch als auch körperlich abhängig machen können, wenn sie über einen längeren Zeitraum eingenommen werden. Der richtige und falsche Umgang mit Tranquilizern wird noch genauer behandelt. Wenn Sie eines dieser Medikamente regelmäßig einnehmen und sich müde fühlen, sollten Sie mit Ihrem Arzt über Ihre Müdigkeit sprechen.

Medikamente bei neurologischen Störungen: Medikamente für die Behandlung von Epilepsie und der Parkinson-Krankheit können Müdigkeit verursachen. Bei der Behandlung dieser Erkrankungen müssen oft schwere Entscheidungen zwischen dem Nutzen und den Nachteilen von Medikamenten getroffen werden. Es ist natürlich oberste Priorität, die Anfälle in den Griff zu bekommen, aber die meisten Antiepileptika können träge und schläfrig machen, besonders wenn hohe Blutwerte festgestellt werden. Eine Beobachtung der Blutwerte und Einstellung der richtigen Dosis kann dieses Problem erleichtern. Unter keinen Umständen sollte die Behandlung von Epilepsie ohne Absprache mit dem behandelnden Arzt verändert werden. Die häufigste Ursache für einen unerwarteten Anfall ist die Reduzierung oder Absetzung eines Medikaments.

Ähnlich kann die Abwägung zwischen den körperlichen Einschränkungen der Parkinson-Krankheit und den Nebenwirkungen der Medikamente, die sie unter Kontrolle bringen sollen, ein großes Problem darstellen. Eine Patientin machte sich wegen ihrer fortschreitenden Koordinierungsprobleme Sorgen, die durch ihre Parkinson-Krankheit hervorgerufen wurden. Nach einem Termin bei einem Neurologen wurde bei dem Versuch, das Ruder herumzureißen, ihre Medikation stark erhöht. Leider erwies sich die Behandlung schlimmer als die Krankheit. Sie litt unter starker Übelkeit und Erschöpfung. Schließlich mußten die Medikamente wieder reduziert werden, wodurch sich ihr Zustand weiterhin verschlechterte. Aber wenigstens war sie jetzt wieder in der Lage, etwas zu essen und sich auf den Beinen zu halten.

Schmerzmittel, Narkotika (und damit verwandte Medikamente) wirken fast immer beruhigend. Wenn diese Mittel über einen längeren Zeitraum eingenommen werden, nimmt diese Wirkung ab, da der Körper sich an das Medikament gewöhnt. Jeder, der über einen längeren Zeitraum narkotische Schmerzmittel einnimmt, braucht wahrscheinlich nicht mehr weiter nach den Gründen für seine Müdigkeit suchen.

Chronische Schmerzsyndrome sind energieraubend und häufig mit Depressionen verbunden. Narkotika führen in diesen Fällen hundertprozentig in eine Sackgasse und verursachen starke negative Nebenwirkungen. Von diesen Medikamenten wieder freizukommen und den Schmerz zu bekämpfen, ist normalerweise eine so umfangreiche Aufgabe, daß ein Arzt, ein Therapeut und ein Psychiater oder Psychologe hinzugezogen werden sollten. Häufig ist eine gemeinsame Strategie, wie sie in Schmerzkliniken durchgeführt werden, die oft an Universitätskliniken angeschlossen sind, vielversprechend.

Medikamente, mit denen bestimmte Verdauungsstörungen behandelt werden sollen. Medikamente gegen Übelkeit wirken von Natur aus beruhigend, aber zum Glück werden sie selten über einen längeren Zeitraum eingenommen. Einige verbreitete Mittel gegen Seekrankheit wirken auf manche Menschen stark beruhigend. Medikamente, die wiederkehrendes Herzstechen lindern sollen, werden oft monatelang eingenommen und führen dann zu Müdigkeit.

Ähnlich können Spasmolytika, mit denen Krämpfe bei Darmentzündungen behandelt werden, beruhigend wirken, besonders bei Menschen, die sie über eine längere Zeit hinweg einnehmen. Einige Spasmolytika enthalten sogar kleine Mengen von Tranquillanzien. Doch selbst reine Entkrampfungsmittel können müde machen.

Wenn Sie glauben, daß ein Medikament, das Sie einnehmen, Müdigkeit verursacht, sollten Sie mit Ihrem Arzt darüber sprechen. Ohne Absprache mit dem Arzt sollten Sie aber keine Änderungen vornehmen; das eigenwillige Absetzen von Medikamenten könnte Ihrem Organismus einen ernsthaften Schaden zufügen. Unter der Aufsicht Ihres Arztes kann es sein, daß Sie eine Kettenreaktion entdecken, die Ihre Müdigkeit auslöst, selbst wenn ein einziges Medikament allein noch nicht die Hauptursache ist. Zum Beispiel kann die ständige Einnahme von entzündungshemmenden Medikamenten bei der Behandlung von Arthritis einen anhaltenden Blutverlust im Darm auslösen, der wiederum zu einer Eisenmangelanämie führen kann, die einen Menschen sehr müde machen kann. Ein einfaches Mittel zur Behandlung von Bluthochdruck kann bei einigen Patienten (besonders bei älteren Menschen) zu einer auffälligen Ansammlung von biochemischen Unnormalitäten führen, die wiederum Müdigkeit auslösen.

Wenn Sie und Ihr Arzt vermuten, daß ein bestimmtes Medikament Müdigkeit verursacht, sollten Sie nur dieses eine Medikament absetzen, bis Sie beide sicher sind, ob es die Ursache für die Müdigkeit war oder nicht. Dann können Sie den nächsten Schritt gehen und das nächste absetzen oder ersetzen. Gehen Sie immer nur ein Medikament auf einmal an!

Schließlich rate ich Ihnen, nicht zuviel in Symptome hineinzuinterpretieren. Einige Menschen gehen zu schnell davon aus, daß eine unangenehme Erscheinung durch ein Medikament verursacht wurde (besonders dann, wenn sie von Anfang an nicht besonders erpicht darauf sind). Sie schaden sich nur selbst, wenn Sie ein Medikament vorschnell absetzen.

b) Energieraubende Genußmittel

Die Reaktion auf energieraubende Medikamente kann eine Herausforderung darstellen. Aber wenn man mit Genußmitteln richtig umgehen will, ist das, als betrete man ein Kriegsgebiet. Einige dieser allerorts beliebten Suchtmittel können einem nicht nur das Leben schwer machen, sondern sie lassen auch selten von ihrer Beute wieder ab.

Rauchen

Rauchen ist nicht nur die häufigste Sucht auf der Welt, sondern auch diejenige, mit der am schwersten zu brechen ist. Die Raucherlobby und die verschiedenen Konzerne der Tabakindustrie, die selbstverständlich das Rauchen befürworten, bezeichnen es als »gesellschaftliches Vergnügen«. Sie kämpfen auch eifrig darum, jeden, der ihnen sein Ohr leiht, davon zu überzeugen, daß Rauchen keine Angewohnheit ist, geschweige denn eine Sucht. Nein – ihre ganze und hervorragende Rhetorik ist darauf ausgerichtet, jedem einzureden, daß Rauchen eine der harmlosesten Freuden im Leben ist, mit der man beliebig beginnen und wieder aufhören kann, selbst wenn eine zufällige Umfrage unter den nächsten zehn Rauchern, die Ihnen begegnen (oder bei Ihnen selbst, wenn Sie rauchen), eindeutig das Gegenteil beweist.

Einmal im Jahr begegne ich einem Patienten, der behauptet, hin und wieder auf einer Party zu rauchen und ansonsten keinerlei Probleme mit dem blauen Dunst zu haben. Alle anderen Raucher, die ich kenne, zünden sich wie unter einem Zwang stehend mehrmals am Tag eine Zigarette an, oft ohne sich ihres Verhaltens richtig bewußt zu sein. Wenn ich ihnen aufzählen würde, welche Schäden das Rauchen verursacht, spräche ich damit vielleicht den Bereich im Gehirn an, in dem rationales Denken stattfindet. Aber die chemischen Stoffe im Tabakrauch (allen voran das Nikotin) lassen mir keine Chance, da sie sich in den anderen Bereichen des Gehirns, die mehr für die Grundfunktionen zuständig sind, tief eingegraben haben.

Ein Grund dafür besteht darin, daß Nikotin die ungewöhnliche Eigenschaft hat, gleichzeitig stimulierend und entspannend zu wirken. Ein anderer besteht darin, daß die Lungen das Nikotin direkt in die Blutbahn abgeben und dadurch das zentrale Nervensystem mit jedem Zug einen kräftigen Schub erhält. Einen dritten Grund sehe ich darin, daß das Rauchverhalten mit Dutzenden von alltäglichen Tätigkeiten verknüpft ist: den Telefonhörer abheben, ins Auto steigen, eine Tasse Kaffee trinken, um nur einige zu nennen. Man muß sich beim Rauchen nicht vor der Polizei oder sonst jemandem verstecken, obwohl inzwischen an einigen Orten in der Öffentlichkeit der Tabakqualm nicht mehr ganz so widerspruchslos hingenommen wird. Doch das neue Gesetz in Frankreich, das Rauchen in öffentlichen Räumen verbietet, erregt Stürme des Widerstands.

Die bedauernswertesten Patienten in jeder Arztpraxis sind die Zigarettensüchtigen, die den schweren Kampf, von ihrer Sucht loszukommen, auf sich nehmen müssen, weil Umstände wie ein Herzinfarkt oder eine sich verschlechternde chronische Lungenkrankheit oder Schwangerschaft dies erforderlich machen. Doch mit dem Rauchen aufzuhören ist sehr schwer.

Hier tritt die chronische Müdigkeit auf den Plan. Die offensichtlichsten Energieräuber, die mit dem Tabak in Zusammenhang stehen, sind die zahlreichen Krankheiten, die durch das Rauchen verursacht oder verschlimmert werden, besonders chronische Bronchitis und Lungenemphyseme, die den jahrelangen Raucher zwingen können, um jeden Atemzug zu kämpfen.

Genauso energieraubend ist der innere Kampf. Dieser wird dadurch ausgelöst, daß man die unübersehbaren Folgen des Rauchens deutlich spürt, aber trotzdem nicht aufhören will oder kann – ein typisches Kennzeichen für Suchtverhalten. Jeder Zug stellt eigentlich die Frage, ob man noch vernünftig denken kann. Das Leben des Rauchers wird durch die Vernunftgründe und guten Vorsätze und die eigene Unfähigkeit, etwas gegen die Sucht zu unternehmen, stark erschwert.

Mit der Gewohnheit brechen

Der richtige Umgang mit dem Rauchen erfordert zum Teil dieselben Entscheidungen, die nötig sind, um abzunehmen. Nötig ist ein Plan, die Kontrolle durch andere und viel Ermutigung.

Methode. Die konkrete Methode, mit dem Rauchen zu brechen, kann die einfache Entscheidung sein, an einem bestimmten Tag (Neujahr, Geburtstag oder zu irgendeinem anderen Anlaß) aufzuhören, oder aber sie umfaßt ein strenges Programm. Krankenhäuser, Selbsthilfegruppen und kommerzielle Organisationen bieten ständig Seminare und Kurse an. Ein Programm hat den Vorteil, daß es konkreter und genauer festgelegt ist, besonders wenn man es mit einer vagen und unverbindlichen Aussage vergleicht, wie etwa: »Ich muß weniger rauchen.« Übrigens spielt es keine große Rolle, ob Sie den Zigarettenkonsum über längere Zeit kontinuierlich reduzieren oder von heute auf morgen ganz aufhören, solange Sie ein konkretes Datum im Kalender stehen haben, an dem sie endgültig aufgehört haben.

Methoden, bei denen der Verstand bewußt eingesetzt wird, sind, auf lange Sicht betrachtet, weitaus erfolgversprechender als die passiven Therapien wie Akupunktur oder Hypnose. Diese führen meistens nur deshalb zum Erfolg, weil sauer verdientes Geld darauf verwendet wurde, das einen innerlich antreibt – man will doch das ganze Geld nicht zum Fenster hinausgeworfen haben!

Kontrolle. Vor anderen Rechenschaft abzulegen ist eine Möglichkeit, sich etwas Willenskraft auszuleihen. Die Entscheidung, mit dem Rauchen zu brechen, sollte in der Familie, bei Freunden und Mitarbeitern lautstark verkündet werden, damit in einem schwachen Augenblick dem Drang zu rauchen der ebenso starke Wunsch gegenübersteht, nicht als rückgratloser und willenloser Narr dazustehen. Die anderen Raucher sollten gebeten werden, sich ihre Zigaretten woanders anzuzünden, und sie dürfen unter keinen Umständen demjenigen, der aufhören will, eine Zigarette anbieten.

Ermutigung. Die Ermutigung bei diesem Kampf kann und sollte

aus verschiedenen Richtungen kommen. Die erste und wichtigste ist eine innere Überzeugung, die von dem Gefühl begleitet wird, daß dies die richtige Entscheidung ist. Nur allzu oft denken viele mit großer Trauer an den Tag ihrer Entscheidung – »Muß ich wirklich meine Siebenminutenpausen aufgeben?« Wenn meine Patienten damit zu kämpfen haben, fordere ich sie heraus und bezeichne sie als Nichtraucher und nicht als Raucher, die durch ihre Willenskraft aufhören wollen. Ich bitte sie auch, sich einmal über ihre großzügige Finanzierung der Tabakindustrie Gedanken zu machen, die auf ihre Kosten reich wird und sich nicht im geringsten um ihre Gesundheit kümmert. Wenn die Vorstellung, daß sie ihren von Gott erschaffenen Körper schädigen, sie nicht zum Nachdenken bringt, habe ich keinerlei Skrupel, ihnen das Schreckgespenst vor Augen zu malen, daß ihre Lieben durch den frühzeitigen Gang zum Waldfriedhof allein zurückbleiben. Wenn das Rauchverhalten durch Gefühle gesteuert wird, die stärker sind als jede Vernunft, dann sind auch für den Gegenangriff Gefühle erlaubt.

Andere Formen der Ermutigung lassen sich am besten mit dem biblischen Rat zum Thema Versuchungen zusammenfassen: Fliehe lieber vor ihnen, statt sie zu bekämpfen. Es ist viel leichter, das Falsche nicht zu tun, wenn es nicht verführerisch in greifbarer Nähe liegt. Der Lebensraum sollte wenigstens am Anfang rauchfrei gestaltet werden. Aschenbecher, Feuerzeuge und andere Raucherutensilien müssen weggeräumt werden. Jemand in der Familie, der trotzdem noch raucht, sollte höflich gebeten werden, dies auf dem Balkon zu tun.

Der Arbeitsplatz sollte, wenn nötig, ebenfalls rauchfrei werden. Zum Glück richten viele Arbeitgeber (besonders in großen Firmen) bestimmte Raucherzonen ein und verlangen, daß in den übrigen Räumen nicht geraucht wird. In der amerikanischen Arbeitsplatzordnung wird normalerweise darauf bestanden, daß niemand gezwungen werden sollte, am Arbeitsplatz den Rauch eines anderen einzuatmen.

Bei der Freizeitgestaltung wird das Problem schon schwieriger. Einige Restaurants bieten inzwischen glücklicherweise schon Nichtraucherbereiche an. Sportplätze, Bars und Kegelbahnen sind aber normalerweise stark verraucht und können einem in den gefährlichen ersten rauchfreien Tagen das Leben schwermachen. Noch schwieriger wird es, wenn sich die Freunde treffen, die alle rauchen. Es sei denn, Sie wären der Gastgeber und könnten mit einem höflichen Schild an Ihrer Wohnungstür mit der Aufschrift

»Bitte nicht rauchen« alles klarstellen. Einladungen zum Essen und zu Parties sollten sorgfältig ausgewählt werden. Vielleicht ist es sogar nötig, neue Freundschaften mit Nichtrauchern zu schließen.

Alkohol

Alkohol kann ebenfalls ein wichtiger Energieräuber sein. Dafür gibt es eine ganze Reihe von Gründen. Selbst wenn viele glauben, daß Alkohol in geringen Mengen eine Mahlzeit oder ein Fest bereichert, schlummert darin immer die Gefahr einer Katastrophe, auch für Leute, die nur gelegentlich trinken. Die erste Frage lautet: »Wieviel ist vernünftig und wieviel ist ›ein Glas zu viel‹?« Für einige meiner Patienten sind sechs Flaschen Bier jeden Abend nach der Arbeit ein »geringer« Alkoholkonsum. Andere »mäßige« Trinker verschmähen während der Arbeitswoche jeden Tropfen Alkohol, verbringen dann aber jeden Samstag und Sonntag in einem einzigen Rauschzustand.

In der Medizin meint man, daß maximal ein Drink innerhalb von vierundzwanzig Stunden keine körperlichen Folgen nach sich ziehen dürfte – obwohl die Erfahrung zeigt, daß Gewöhnung an Alkohol – gleich in welcher Menge – Suchtverhalten verursachen kann. Auch gilt die Beschränkung auf einen Drink nicht für schwangere Frauen, Menschen mit einem Leberleiden oder anderen Erkrankungen, die durch den Genuß von Alkohol verschlimmert werden können. Bei Unklarheiten sollten Sie sich an Ihren Arzt wenden. Andererseits wird auch derjenige, der gelegentlich Alkohol trinkt und sich innerhalb dieser Grenze bewegt, eine vorübergehende ermüdende Wirkung, eine Verschlechterung des Denkvermögens und möglicherweise eine Nacht mit unruhigem Schlaf als Folge des Trinkens beobachten müssen. Das kann ohne Konsequenzen bleiben. Aber es kann auch zu verpaßten Gelegenheiten, unbedachten Äußerungen oder einem Unfall führen. Deren langfristige Auswirkungen könnten Ihr Leben verändern.

Der regelmäßige Alkoholkonsument wird sich letzten Endes aus vielerlei Gründen müde fühlen, je nachdem, wieviel Alkohol er jeden Tag zu sich nimmt. Die »leeren« Kalorien in diesen vielen Getränken lösen sich nicht einfach in Luft auf. Übergewicht kann eine Folge von zu starkem Alkoholgenuß sein. Andererseits kann sich allmählich die eine oder andere Form der Unterernährung entwickeln, wenn die flüssigen Kalorien zu oft eine richtige Mahlzeit ersetzen. Der Blutdruck wird aus der Bahn geworfen, und ein Arzt, der von dem hohen Alkoholkonsum seines Patienten nichts weiß, verschreibt vielleicht Medikamente, um den Blutdruck wieder unter Kontrolle zu bekommen; wie wir gesehen haben, sind aber viele Medikamente gegen Bluthochdruck auf lange Sicht große Energieräuber.

Die ernsteren körperlichen Beschwerden durch chronischen Alkoholmißbrauch sind verheerend. Der Herzmuskel kann geschädigt werden (alkoholbedingte Kardiomyopathie). Die Bauchspeicheldrüse kann sich entzünden (Pankreatitis), was sehr schmerzhaft ist und wiederholt auftreten kann. Eine ständige Entzündung der Leber kann zu Leberzirrhose oder Leberversagen führen. Zu den möglichen Komplikationen gehören die Ansammlung von Flüssigkeit im Unterleib (Aszites oder Bauchwassersucht), erweiterte Speiseröhrenvenen, die reißen und bluten können, Gehirnschädigungen und vieles mehr. Wenn diese Komplikationen eintreten, ist Müdigkeit noch das geringste Problem.

Die Probleme, die durch chronischen Alkoholmißbrauch geschaffen werden, gehen jedoch weit über den medizinischen Bereich hinaus. Streitereien und körperliche Gewalttaten sind regelmäßige Begleiter des Alkohols, sowie schlechte Arbeitsleistungen und der Verlust des Arbeitsplatzes. Eine ironische Beschreibung, die das Leben eines Alkoholikers auf den Punkt bringt, steht im biblischen Buch der Sprüche (23,29-35). Sie beginnt folgendermaßen:

»Wer hat Ach, wer hat Weh, wer Zänkereien, wer Klage, wer Wunden ohne Ursache, wer trübe Augen? Die spät beim Wein noch sitzen, die einkehren, um den Mischkrug zu erforschen. Sieh den Wein nicht an, wenn er so rötlich schimmert, wenn er im Becher funkelt (und) leicht hinuntergleitet. Zuletzt beißt er wie eine Schlange und speit (Gift) wie eine Viper. Deine Augen sehen Seltsames, und dein Herz redet Verworrenes, und du bist wie einer, der im Herzen des Meeres liegt, und wie einer, der oben im Mastkorb liegt. Man hat mich geschlagen, es schmerzte mich nicht; man hat mich geprügelt, ich merkte es nicht. Wann werde ich aufwachen? Ich will ihn noch einmal aufsuchen.«

Die Faktoren, die zu Alkoholmißbrauch führen, sind Thema umfangreicher Forschungen und Diskussionen und werden hier nicht weiter erläutert. Im Gegensatz zum Rauchen, bei dem die Abhängigkeit praktisch das ganze Leben umfaßt, ist Alkoholkonsum für die meisten nur eine gelegentliche Angelegenheit. Bei einem wachsenden Bevölkerungsanteil wird aus dem gelegentlichen Genuß jedoch jener zwanghafte Konsum, den wir als Alkoholismus bezeichnen, dem der Trinker dann ausgeliefert ist, aus dessen Fängen er sich nur schwer wieder befreien kann. Bei einigen trägt auch eine genetische Veranlagung zu zwanghaftem Alkoholkonsum bei, selbst wenn sie sich der schrecklichen Konsequenzen bewußt sind. Nur allzu oft ist jedoch angesichts der Zeit, des Geldes, der Gesundheit und Energie, die dem Alkoholkonsum geopfert werden, die übliche Reaktion ein Leugnen: »Ich habe doch keine Probleme mit dem Alkohol!«

Wann sollte also der Alkohol eher als Problem denn als angenehme Ablenkung betrachtet werden?

Lange bevor man seinen Arbeitsplatz verliert, die Familie auseinanderbricht und die Leberwerte sich verschlechtern! Es ist an der Zeit, sich Gedanken zu machen, wenn man nicht mehr ohne weiteres ein alkoholisches Getränk ablehnen kann, wenn man das Gefühl hat, »etwas fehle«, wenn in einer bestimmten Situation kein Alkohol zur Hand ist, oder wenn der Alkohol irgendwie zu einer Störung im Leben beiträgt. Wenn eines davon eintritt, sollte die einzige Reaktion in einer völligen Abstinenz bestehen, also nicht nur in einer Reduzierung des Alkoholkonsums. Wenn der Alkohol einmal zum Problem geworden ist, ist der Versuch, Alkohol in »Maßen« oder nur »in Gesellschaft« zu trinken, genauso, als wollte man »nur ein bißchen schwanger sein«. Es erübrigt sich zu sagen, daß kein Programm bei der Behandlung von Alkoholismus, das etwas auf sich hält, das Ziel hat, einen Alkoholiker dazu zu bringen, »in Maßen« zu trinken.

Wenn es höchste Zeit wird, mit dem Alkohol zu brechen, und wenn die Abstinenz irgendwie einen Kampf darstellt, ist ein Psychotherapeut, ein Entziehungsprogramm oder eine Selbsthilfegruppe langfristig nötig, da der Hang, zu trinken und im Übermaß zu trinken, nicht von selbst verschwindet. Alkoholentzugsgruppen, die wie das Blaue Kreuz von Kirchen unterstützt werden, die Anonymen Alkoholiker und andere Drogenentzugsprogramme betonen alle, daß eine ständige Rechenschaft gegenüber anderen nötig ist, und daß man akzeptieren muß, daß niemand diese Probleme allein bewältigen kann. Die Abhängigkeit von Gott und Hilfe von anderen, die denselben Kampf ausgefochten haben, sind für einen dauerhaften Erfolg notwendig.

Andere energieraubende Drogen

Oft ist der Alkoholmißbrauch nur ein Teil eines größeren Problems. Mißbrauch von verschreibungspflichtigen Medikamenten ist, wie bereits erwähnt, ein gefährlicher Energieräuber. Aber wenn man einmal anfängt, in illegalen Drogen ein besseres Leben zu suchen, ist der Weg zur körperlichen und geistigen Erschöpfung und zu einer unaufhaltsamen Katastrophe vorgebahnt. Längerer Marihuanagenuß schädigt das Gehirn und die Lungen wesentlich stärker als Zigaretten. Halluzinogene Drogen und PCP, jenes Holzschutzmittel, bei dessen Herstellung sich Dioxine bilden, können eine vorübergehende Psychose auslösen, die in einigen Fällen auch chronisch werden kann. Der alles beherrschende Drang, die nächste Dosis Kokain oder Heroin zu beschaffen, erschöpft, ganz abgesehen von den körperlichen Folgen dieser Drogen, ziemlich schnell die Energie eines Menschen. Aber normalerweise stehen bei ihm zuerst einmal größere Probleme an.

Der Energiespender sind Sie!

Sobald Sie feststellen: Es erübrigt sich fast zu sagen, daß es ein aufwendiges Projekt ist, nach einem längeren oder kürzeren Genuß von Drogen wieder ganz davon loszukommen. Hier ist ein gut organisiertes, langfristiges Programm nötig. Der wichtigste Schritt besteht darin, sich klarzumachen, daß das Schiff »Drogen« auf die Klippen zusteuert. Dann sollte man schnell zum Telefon greifen und Hilfe herbeiholen, um eine Katastrophe zu verhindern.

9. Schlafen können!

Räuber: Keine Erholung trotz Müdigkeit

Spender: Normalisierter Schlaf

Viele Fälle chronischer Müdigkeit gehen mit Schlafstörungen unterschiedlicher Intensität einher, aber wie sie damit zusammenhängen, ist nicht immer ganz klar. Zum Beispiel ist oft schwer zu sagen, ob fehlender Schlaf die Ursache für die Müdigkeit oder Teil eines völlig anderen Problems ist. Dieses Kapitel befaßt sich mit zu kurzem und schlechtem Schlaf.

a) Akute Schlafstörungen

Akute Schlafstörungen sind normalerweise Nebenprodukt eines unangenehmen, kurzzeitigen Ereignisses. Eine durchpaukte Nacht während der Abschlußprüfungen, ein neugeborenes Baby, eine akute Krankheit, eine überdimensionale Mahlzeit, eine weite Flugreise, ein fremdes Bett, das erste Rendezvous der Tochter – das alles kann den Schlaf stören. In einigen dieser Fälle kann es angebracht sein, kurzzeitig Schlaftabletten einzunehmen (genaueres siehe unten), aber weitaus häufiger signalisieren die Schlafstörungen, daß man sich während der wachen Stunden mit einem Problem auseinandersetzen muß. Alle diese Beispiele bis auf eines – das Baby – rauben einem nur für eine oder zwei Nächte den Schlaf. Im folgenden wollen wir die Schlafstörungen, die ein Neugeborenes verursacht, genauer betrachten. Wenn Sie keine kleinen Kinder zu Hause haben, können Sie die nächsten vier Abschnitte überspringen.

Eltern von Neugeborenen sind praktisch hundertprozentige Anwärter auf Schlafstörungen, da ihre lieben Kleinen alle paar Stunden aufwachen und gefüttert werden wollen. Eine Krankheit, Kolik oder etwas anderes, aus dessen Grund sie sich unwohl fühlen, kann zu nächtelangem, endlosem Weinen führen. Außerdem kommt es bei einigen Kindern vor, daß sie den Tag-Nacht-Rhythmus umkehren: Sie können tagsüber unbeeindruckt alles verschlafen, aber wenn es Zeit wird, daß ihre Eltern sich schlafen legen wollen, erwachen sie zu neuem Leben. Während der ersten paar Monate gibt es nur wenige Möglichkeiten, den kostbaren Schlaf der Nacht zu verlängern.

Eine Methode, die sich als hilfreich erweisen kann, besteht darin, das Baby in ein anderes Zimmer zu legen. Eltern, die ihr erstes Kind bekommen haben, fühlen sich oft sicherer, wenn sie ihren Schreihals in Reichweite haben. Leider schmatzen und glucksen alle Babies während der Nacht und geben zahlreiche Laute und sonstige »falsche Alarmzeichen« von sich, die die Eltern aufwekken, auch wenn noch keine Raubtierfütterung angesagt ist. Außer in den seltensten Ausnahmefällen macht sich auch das jüngste Neugeborene lautstark vom Nebenzimmer aus bemerkbar, wenn es Hunger hat. Ich rate Eltern immer, sich keine Sorgen zu machen, wenn sie ihren Säugling in das Nebenzimmer legen, wenn andernfalls niemand mehr schlafen kann. Ich trete auch stark dafür ein, daß die Kleinen nur bei ganz seltenen Gelegenheiten zu Mama und

Papa ins Bett genommen werden, wenn überhaupt. Kinder gewöhnen sich sehr stark daran, und ich habe schon genug Eltern erlebt, die es einiges kostete, einem älteren Kind abzugewöhnen, zu ihnen ins Bett zu kriechen.

Als zweiten Tip rate ich Ihnen, die Stillzeiten in der Nacht so kurz wie möglich zu halten. Einige Kinder können stundenlang an der Brust liegen, aber die Muttermilch ist praktisch nach zehn Minuten auf jeder Seite erschöpft. Die übrige Zeit dient sozusagen der Gemeinschaftspflege. Aber diese sollte lieber auf die Tageszeit verlegt werden. Gelegentlich weint ein Baby die ganze Nacht, obwohl die Mutter es gestillt, ihm die Windeln gewechselt, es geschaukelt, ihm ein Lied vorgesungen, es herumgetragen und noch einmal gefüttert hat. In solchen charakterformenden Augenblicken ist es nur recht und billig, den kleinen Schreihals für eine Viertelstunde in seine Wiege zu legen, ihn eine Weile allein zu lassen und sich zu entspannen (wenn das möglich ist) und es dann von neuem zu probieren. Wenn das Kind bis dahin noch nicht eingeschlafen ist, hat es normalerweise so viel Energie verbraucht, daß es bald einschläft, wenn es noch ein bißchen geschaukelt wird.

Schließlich stellt sich die Frage, wann es Zeit wird, die Essenszeiten um zwei Uhr morgens einzustellen. In den ersten drei Monaten braucht ein Neugeborenes die nächtlichen Mahlzeiten, aber wenn es einmal neun Monate alt ist, sollte es ohne Unterbrechung nachts durchschlafen. Wenn es immer noch mitten in der Nacht etwas zu Essen verlangt, sollten Eltern ein »Hauruckwochenende« einplanen. Suchen Sie sich zwei aufeinanderfolgende Nächte aus, in denen Sie nicht darauf angewiesen sind, sich gut auszuschlafen, und vergewissern Sie sich, daß das Kind nicht an irgendeiner Krankheit leidet. Legen Sie es liebevoll in sein Bettchen, singen Sie ihm ein Lied, beten Sie, sagen Sie »Gute Nacht,« schließen Sie die Tür und gehen Sie nur zurück, wenn es unbedingt nötig ist. Das scheinbar endlose, stundenlange Weinen müssen Sie ignorieren. (Sie sollten sich vorsichtshalber ein paar gute Videofilme ausleihen.) Nach drei oder vier Stunden nachzugeben (eine seltene Demonstration von kindlicher Ausdauer), wäre katastrophal, denn das Baby lernt dann nur Sir Winston Churchills Grundsatz: »Nie aufgeben!« Die Eltern, die es schaffen, hart zu bleiben, werden nach einer oder höchstens zwei Nächten mit ungestörtem Schlaf belohnt.

b) Chronische Schlafstörungen

Chronische Schlafprobleme (die länger als drei Wochen andauern und nicht durch kleine Kinder verursacht werden) können sowohl äußere als auch seelische Gründe haben. Äußere Hindernisse können mit den Schlafbedingungen zusammenhängen, besonders, wenn Ihre üblichen guten Schlafgewohnheiten verändert werden. Ein Schlafzimmer kann zu kalt oder zu warm sein, zu hell oder zu dunkel, zu laut oder zu leise. Einige Menschen brauchen absolute Ruhe, um einschlafen zu können, während andere sich wohler fühlen, wenn im Hintergrund leise Geräusche zu hören sind. Einige schlafen am besten auf einer harten Matratze, andere ziehen ein Wasserbett vor. Bis man seine idealen Schlafbedingungen findet, kann es nötig sein, einiges auszuprobieren, besonders, wenn auch die Bedürfnisse eines anderen im Zimmer oder im Bett berücksichtigt werden müssen.

Andere äußere Probleme, die den Sandmann fernhalten können, sind verschiedene Krankheiten und die Folgen von Medikamenten. Chronische Herz- oder Lungenkrankheiten können einen Menschen wegen seiner Atemnot am Einschlafen hindern. Störungen im Verdauungstrakt können unangenehme Krämpfe oder stechende Schmerzen während der Nacht verursachen. Chronische Schmerzen aus den verschiedensten Gründen können einen vom Schlaf abhalten. Drogen und Medikamente, unter anderem Koffein, Alkohol, Nikotin, Diätpillen und Nasensprays können alle zu Schlaflosigkeit führen. Entzug von Narkotika, Tranquilizern und (ironischerweise) einigen Schlaftabletten können einen Menschen nicht nur am Einschlafen hindern, sondern ihn auch in Versuchung führen, dieses Mittel wieder zu nehmen, um endlich einschlafen zu können.

Eine spezielle Störung, der immer mehr Aufmerksamkeit gewidmet wird, ist das Schlaf-Apnoe-Syndrom. (Das Wort Apnoe bedeutet wörtlich »ohne Atem.«) Bestimmte anatomische Probleme, unter anderem Fettleibigkeit und große Mandeln, führen zu Koordinationsstörungen beim Atmen – zu gefährlich langen Pausen zwischen den einzelnen Atemzügen. Starkes Schnarchen und intensive Schläfrigkeit während des Tages sind irritierende Symptome dieses Syndroms. Möglicherweise noch beunruhigender ist ein Abfallen des Blut-Sauerstoff-Spiegels während der Pausen zwischen den einzelnen Atemzügen, die manchmal zu Herzrhythmusstörungen führen können.

Die Diagnose und Behandlung eines Patienten mit Verdacht auf das Schlaf-Apnoe-Syndrom sollte einem Spezialisten überlassen werden, der mit Schlafstörungen gut bewandert ist, normalerweise einem Lungenspezialisten mit einer Zusatzausbildung auf diesem Gebiet.

Bestimmte Verhaltensformen können ebenfalls zu Schlafstörungen führen. Der typische »Nachtschwärmer« kann in Wirklichkeit an einem Syndrom leiden, bei dem die Schlafphase verschoben ist. Es kann sein, daß er erst nach der allerletzten Nachtsendung einschläft (zwischen drei und sechs Uhr morgens), aber dann problemlos so lange schlafen kann, wie er will – außer er wird durch solche kleinen Unannehmlichkeiten wie einer festen Arbeitszeit oder einem Chef daran gehindert. Dieses Problem kann in einer Urlaubswoche gelöst werden, in der man die Schlafenszeit jeden Tag um zwei oder drei Stunden hinauszögert, bis eine normale Zu-Bett-Geh-Zeit erreicht wird.

Schichtarbeit kann die Schlafgewohnheiten ebenfalls völlig durcheinanderbringen. Wenn der Beruf es erforderlich macht, daß die Arbeitszeit regelmäßig in einem bestimmten Rhythmus rotiert, ist es einfacher, wenn sie im Uhrzeigersinn rotiert (zum Beispiel von der Spät- zur Nachtschicht), als umgekehrt. Flugreisen, bei denen mehrere Zeitzonen übersprungen werden, stören den Schlaf. Sich zu akklimatisieren kann so viele Tage dauern, wie man Zeitzonen übersprungen hat, wobei es von Westen nach Osten länger dauert als in die andere Richtung.

Eine wichtige Ursache für Schlafstörungen sind Depressionen. Auf sie gehen wir im nächsten Kapitel genauer ein. Die Mechanismen, die Depressive den Großteil der Nacht wach halten oder sie den ganzen Tag nicht aus dem Bett kommen lassen, sind nicht nur ihre traurige Stimmung oder ihre Einstellung zum Leben. Biochemische Mechanismen sind normalerweise auch am Werk, wie man bei vielen feststellen konnte, die nach einer Behandlung mit Antidepressiva (Medikamente, die bei der allgemeinen Bevölkerung nicht als Schlafmittel wirken) wesentlich besser schlafen konnten.

c) Wie bekommt man energiespendenden Schlaf?

Es kann also viele Gründe für Schlafstörungen und -unterbrechungen geben. Aber wie soll man vorgehen, um zu einer gewissen

Ordnung in den Stunden zu kommen, die man im Bett verbringt? Ihr erster Gedanke sollte nicht sein, Ihren Arzt anzurufen und sich ein paar Schlaftabletten verschreiben zu lassen, außer vielleicht im Fall eines ganz konkreten und zeitlich begrenzten Schlafräubers wie einer Familienkrise. Einige dieser Schlafmittel bleiben länger im Blutkreislauf als andere und können auch am nächsten Tag noch Müdigkeit erzeugen. Andere wiederum haben eine kurzzeitige Wirkung und sind bis zum nächsten Morgen nicht mehr spürbar. Wenn man jedoch über eine längere Zeit zu hohe Dosen einnimmt, können sie zu auffälligen emotionalen Problemen führen. Die längere Einnahme jedes Schlafmittels kann leicht zu einer Gewohnheit werden, mit der man schlecht brechen kann. Sie kann außerdem der Diagnose des eigentlichen Problems im Wege stehen. Barbiturate sollte man nicht nehmen, da sie gefährlich sind und süchtig machen können.

Zögern Sie nicht, Ihren Hausarzt aufzusuchen und mit ihm über Ihre Situation zu sprechen, besonders wenn Sie noch andere Symptome beobachten oder mehrere Medikamente einnehmen. Wenn Sie jedoch zuerst einige Hausmittel ausprobieren wollen, bevor Sie zum Arzt gehen, sollten Sie folgendes beachten:

Für Menschen, die nicht leicht einschlafen können, kann es Streß bedeuten, ins Bett gehen zu müssen. Frustrierend ist der Versuch, einzuschlafen, und sich dann stundenlang von einer Seite auf die andere zu wälzen. Um Ihr Bett zu einem Ort der Ruhe und Erholung zu machen, sollten Sie es wieder verlassen, wenn Sie innerhalb von zwanzig oder dreißig Minuten nicht eingeschlafen sind, und sich dann wieder hinlegen, wenn Sie sich müder fühlen. Benutzen Sie das Bett nicht zum Lesen, Briefeschreiben, Fernsehen, Diskutieren mit Ihrem Ehepartner oder um darin Ihre Arbeit zu Ende zu führen. Zur gleichen Zeit zu Bett zu gehen und aufzuwachen – an jedem Tag in der Woche – hilft, die innere Uhr des Körpers neu zu stellen und den Schlaf zu normalisieren.

Mehrere Empfehlungen aus den vorangehenden Kapiteln, die leichter gesagt als getan sind, helfen auch bei Schlaflosigkeit. Eine regelmäßige körperliche Betätigung meldet dem Körper »Alles klar« und hilft, sich zu entspannen. Spät nachts Sport zu treiben kann jedoch ebenfalls den Schlaf stören. Es ist also besser, Sport auf den Morgen oder den frühen Abend zu verlegen. Es kann nötig sein, abends und nachts – oder ganz – auf Alkohol, Zigaretten und Koffein zu verzichten.

Alle Probleme, die Ihnen schlaflose Nächte bereiten, sollten erfolgreich bekämpft werden. Vielleicht müssen Sie die Hilfe eines guten Freundes, Therapeuten oder Pastors in Anspruch nehmen, um bei ihm das Problem auszusprechen und konstruktive Lösungsvorschläge zu bekommen. Die geistlichen Ursachen für Schlaflosigkeit benötigen vielleicht die größte Aufmerksamkeit. Die Fähigkeit, in Frieden zu schlafen, kann ein Barometer dafür sein, wie gut wir am Ende des Tages (und damit auch den ganzen Tag lang) unsere Sorgen und Probleme Gott übergeben haben. In Kapitel 11 überlegen wir, wie sehr wir wirklich glauben, daß Gott das ganze Universum und unser persönliches Leben in der Hand hält. An dieser Stelle möchte ich nur einen Satz von König David weitergeben:

»Ich liege und schlafe ganz mit Frieden;
denn allein du, Herr, hilfst mir,
daß ich sicher wohne.« (Psalm 4,9)

10. Die dunkle Nacht der Seele

Räuber: Die vielen Facetten der Depression

Spender: Die vielen Facetten der Behandlung

Eine der wenigen ausführlichen Untersuchungen von chronisch müden Patienten brachte zum Vorschein, daß über die Hälfte von ihnen ein psychologisches Bild aufwiesen, das stark auf Depression hindeutete. Im Vergleich dazu zeigte kein einziger aus einer Gruppe von Untersuchungspersonen ohne Müdigkeitssymptome ein ähnliches Bild. Diese Zusammenhänge verraten nicht, ob die Depression die Müdigkeit verursacht, ob Müdigkeit die Depression verursacht, oder ob beide von einer anderen Störung ausgelöst werden. Alle diese Beziehungen sind möglich. Beim chronischen Ermüdungssyndrom (CFS), das wir in Kapitel 5 untersuchten, liegt beispielsweise die Möglichkeit nahe, daß Müdigkeit und Depression sich aus derselben infektiösen Immunstörung ergeben. Andererseits ist bei einem Patienten, der sich für längere Zeit, aus welchem Grund auch immer, krank fühlt, eine Depression bis zu einem gewissen Grad praktisch unvermeidlich.

a) Depression und Müdigkeit

Dieses Kapitel konzentriert sich auf Depressionen als Ursache für chronische Müdigkeit – ein Zusammenhang, der leicht übersehen und nicht ausreichend behandelt wird. Die meisten stellen sich eine Depression in erster Linie emotional oder psychisch vor – jemand fühlt sich traurig oder gar hoffnungslos, ist »down« oder hat eine negative Einstellung zum Leben im allgemeinen. Im folgenden betrachten wir die Erkrankung, die in der Medizin als Depression oder depressives Syndrom bezeichnet wird – eine Phase mit Stimmungsstörungen, die länger als zwei Wochen andauert, bei der keine offensichtliche körperliche Ursache vorliegt und bei der eine Reihe häufiger Symptome zu beobachten sind. Üblicherweise werden Depressionen in psychogene und in endogene Depressionen eingeteilt, obwohl bei den meisten depressiven Patienten Elemente von beiden zu beobachten sind.

Die psychogene Depression ist eine Reaktion auf einen schmerzlichen Verlust oder eine starke Veränderung im Leben. Der Tod eines nahen Angehörigen, der Verlust des Arbeitsplatzes, ein geschäftlicher Einbruch, ein durch eine Katastrophe zerstörtes Zuhause, die unerwartete Diagnose einer schweren Krankheit – das alles löst normalerweise eine Trauerreaktion aus, die vorhersehbare Phasen durchläuft – diesen Trauerprozeß zu ignorieren oder ihm aus dem Weg zu gehen, kann neue Probleme schaffen.

Bei einigen ist die Reaktion stark ausgeprägt und lang andauernd und wirkt sich monate- oder jahrelang negativ auf die normalen Aktivitäten und Beziehungen aus. Eine psychogene Depression läßt sich mit einer körperlichen Verletzung vergleichen, die nicht heilen will. Bei kleineren Verletzungen fühlen wir den ersten Schmerz, aber innerhalb einer vorhersehbaren Zeit heilt die Verletzung und hinterläßt nur eine kleine Narbe. Bei einer größeren Verletzung ist der Schmerz stärker, der Heilungsprozeß dauert länger, und die Narben sind sichtbarer oder gar entstellend. Ähnlich hat ein größerer Verlust (besonders der Tod eines nahestehenden Menschen) oder die Ablehnung der eigenen Person (Scheidung oder Trennung des Ehepartners, Entlassung aus der Arbeitsstelle) tiefe, aber vorhersehbare Auswirkungen auf die Gefühle und das Verhalten; der Betreffende leidet sehr, der Heilungsprozeß ist langwierig und schwierig, und die Veränderungen bleiben dauerhaft. Aber in einigen Fällen heilen körperliche Wunden nicht; sie bleiben offene, eitrige Stellen. Dies hat seine Ursache nicht in der Verletzung selbst, sondern in Gewebestörungen oder darin, daß man die Wunde immer wieder aufkratzt. Ähnlich kann auch eine tiefe emotionale Wunde manchmal aufgrund vorher bereits vorhandener emotionaler Probleme oder gar biochemischer Neigungen zur Depression nicht heilen. Einige Menschen bleiben an irgendeiner Stelle während des Prozesses auf der Strecke und sind nicht in der Lage oder willens, die Sache ruhen zu lassen; sie tragen monatelang offene emotionale Wunden mit sich herum.

Eine ältere Patientin klagte über Dutzende körperlicher Beschwerden, von denen die Müdigkeit die größte war. Als wir mehrere Wochen lang die Liste mit ihren Symptomen durchgearbeitet hatten, fing ich an, über ihre emotionale »Wetterlage« zu sprechen, die ständig düster war. Plötzlich brach sie in Tränen aus und schluchzte wegen eines Sohnes, der vor über fünfzig Jahren gestorben war. Obwohl seitdem ein halbes Jahrhundert vergangen war, hatte sie nach ihrem großen Verlust ihr emotionales Gleichgewicht nie wiedergefunden.

Im allgemeinen ist für jeden, der eine Tragödie im Leben erleidet, ein Therapeut oder eine Gruppe, deren Mitglieder diese Verletzung und den Heilungsprozeß am eigenen Leib erfahren haben, eine große Hilfe. Gute Freunde können natürlich viel Trost bringen, aber wer selbst erfahren hat, wie man sich bei diesem Verlust fühlt und wie man damit fertigwerden kann, ist in dieser Situation die größte Hilfe.

Vor mehreren Jahren verlor meine Frau bei einem Flugzeugunglück zwei Brüder. Ich und viele andere versuchten, ihr soviel Trost zu spenden, wie in unserer Kraft stand; aber eine gute Freundin, deren Bruder unter ähnlichen Umständen ums Leben gekommen war, konnte sich viel besser in ihre Situation hineinversetzen als wir alle. Ihre Hilfe war für meine Frau am wertvollsten.

Endogene Depression

Endogene Depressionen haben ihre Wurzel in der Biochemie des Verstandes. Sie beginnen oft im Verborgenen und verursachen zuerst eine Reihe körperlicher und nicht so sehr emotionale Beschwerden. Chronische Müdigkeit führt die Liste dieser möglichen Beschwerden an, aber ihr Anfang läßt sich meistens nicht genau bestimmen. Schlafstörungen sind ebenfalls sehr häufig; ihre Kennzeichen sind Schwierigkeiten beim Einschlafen, ständiges Aufwachen oder in einigen Fällen der Wunsch, die ganze Zeit zu schlafen. Übermäßiger Appetit oder Appetitlosigkeit und eine Reihe von körperlichen Beschwerden und Schmerzen (oder Taubheit und Kribbeln) in mehreren Körperteilen kann ebenfalls zu diesen Problemen gehören. Apathie oder Interesselosigkeit an Dingen, die einem vorher wichtig waren, sind sehr häufig. Der Widerstand gegenüber Alkohol, Drogen oder destruktiven sexuellen Beziehungen kann sinken. (Diese Symptome können aber auch Teil einer psychogenen Depression sein.)

Endogene Depressionen scheinen oft aus dem Nichts aufzutauchen. Jemand, der ohne größere Probleme im Leben zurechtkommt, kann unerwartet müde, apathisch oder unübersehbar traurig werden. Dieser Prozeß kann mehrere Wochen andauern und dann wieder verschwinden, sich aber auch monatelang hinziehen. Es geschieht auch häufig, daß die Symptome immer wieder auftreten. Patienten berichten oft von ähnlichen Phasen, die während der Pubertät (oder sogar noch früher) begannen, sowie von einer ähnlichen Krankheitsgeschichte bei ihren Eltern und Geschwistern. Diese Fälle deuten stark auf eine genetische und biochemische Ursache hin. Viele vertreten derzeit die Theorie, daß ein Mangel an einem oder mehreren Neurotransmittern – den chemischen Informationsträgern, die für die Kommunikation zwischen den Nervenzellen im Gehirn nötig sind – zu dem gesamten Komplex, der bei endogenen Depressionen zu beobachten ist, führt.[13]

Phasen endogener Depressionen lassen sich mit Medikamenten, die nicht abhängig machen, gut und wirkungsvoll behandeln, aber ironischerweise besteht meistens auf seiten der Patienten ein erheblicher Widerstand, wenn man dies vorschlägt. Erstens glauben viele trotz dieser Symptome nicht, daß sie unter Depressionen leiden. Sie sind müde oder leiden unter Schlaflosigkeit oder haben überall Schmerzen und Beschwerden, aber sie haben keine »psychische Krankheit«. Ich sage diesen Leuten oft, sie hätten einen »wiederkehrenden Neurotransmittermangel«, was eher nach einer behandelbaren Krankheit klingt. Aber auch dann ist ihnen normalerweise nicht wohl bei dem Gedanken, irgend etwas einzunehmen, das nach Antidepressiva oder Psychopharmaka klingt. Sie fürchten, daß sie davon süchtig werden oder daß es so etwas wie ein Aufputschmittel ist. Sie wollen keine psychische Krücke. »Normale« Menschen lösen ihre Probleme und kommen im Leben zurecht – sind sie etwa nicht normal?

Jedoch sind Antidepressiva keine »Aufputschmittel« und machen auch nicht abhängig. Sie bewirken keine schnelle Euphorie. Deshalb verkauft sie auch niemand auf der Straße. Im Grunde sollte man genauso wenig Bedenken haben, Antidepressiva einzunehmen, wie wenn man Insulin gegen Diabetes gespritzt bekommt. Sie ersetzen ohne irgendwelche künstlichen »Aufputscher« nach und nach die fehlenden Neurotransmitter und führen allmählich zu dem Gefühl, daß alles wieder normal ist. Nach einem viertel oder einem halben Jahr können sie wieder abgesetzt werden und verursachen dabei normalerweise keine spürbaren Begleiterscheinungen. Eine Reihe von Menschen mit chronischen Transmitterproblemen muß allerdings die Medikamente auf unbestimmte Zeit weiter einnehmen. Pauschal läßt sich sagen: Wenn Sie sie nicht brauchen, bewirken sie im Körper auch nicht viel.

Die Entscheidung für ein Antidepressivum sollte von einem Arzt getroffen werden, der sich mit der Krankheitsgeschichte des Patienten genau auseinandergesetzt und alle Behandlungsmöglichkeiten abgewogen hat. Normalerweise wird einmal am Tag entweder abends oder morgens eine bestimmte Dosis eingenommen, und danach wird über mehrere Wochen die Menge allmählich verändert. Die Symptome der Depression verschwinden nicht über Nacht, und es können drei Wochen vergehen, bevor irgendeine Veränderung zu erkennen ist. Meistens ist das erste Problem, das in Angriff genommen wird, die Schlaflosigkeit, eine Wirkung, die von den meisten Patienten mit Müdigkeitsproblemen sehr geschätzt wird. Aber noch dankbarer sind sie für eine Verbesserung ihres Energiehaushalts, der einen Depressiven meist überhaupt erst zum Arzt führt. Wie bei allen anderen Medikamenten sind auch Nebenwirkungen möglich. Einige der häufigsten Mittel verursachen einen trockenen Mund (ein sicheres Zeichen dafür, daß das Medikament die Blutwerte verbessert hat). Beruhigung und Appetitlosigkeit bzw. ein erhöhter Appetit können eintreten. Doch diese Nebenwirkungen treten bei neueren Medikamenten weniger häufig auf.

Ich habe bereits erwähnt, daß die meisten Phasen einer Depression sowohl Merkmale der psychogenen als auch der endogenen Depression aufweisen. Wahrscheinlich ist jeder Fall irgendwo auf dem breiten Spektrum zwischen den beiden Typen der Depression anzusiedeln. Bei den meisten depressiven Patienten ist deshalb eine Kombination der Behandlungsformen am effektivsten. Wenn die Symptome auftreten, können die richtigen Medikamente dazu beitragen, Stimmung, Energie und Schlafverhalten zu verbessern.

Gleichzeitig müssen vielleicht eine Reihe persönlicher Probleme mit einem Seelsorger oder guten Therapeuten aufgearbeitet werden. Unverheilte Wunden aus der Vergangenheit müssen vielleicht angegangen werden. Beziehungsstörungen müssen vielleicht gelöst werden. Die Situation und Aufstiegschancen am Arbeitsplatz stellen sich vielleicht nicht so heraus, wie man geplant hatte, und berufliche Veränderungen werden möglicherweise nötig. Mit ungesunden Einstellungen und Lebensgewohnheiten, die die Stimmung verdüstern, muß vielleicht gebrochen werden. Die Beziehung zu Gott muß vielleicht erneuert oder zum ersten Mal aufgebaut werden.

Es kann noch einiges mehr unternommen werden, um eine depressive Phase zu überwinden oder wenigstens den Schaden, den sie auslöst, einzuschränken. Man darf dabei nicht vergessen, daß Entscheidungen, die während einer Depression getroffen – oder nicht getroffen – werden, langfristige Auswirkungen haben können, die das Problem womöglich noch verstärken. Wenn eine depressive Mutter zu Hause nicht aus dem Bett kommt, wird das allgemeine Chaos, das dadurch noch erhöht wird, ihre Stimmung kaum verbessern. Wenn eine negative Stimmung zu schlechtgelaunten Äußerungen am Arbeitsplatz führt, wird eine Versetzung oder gar der Verlust der Arbeitsstelle die Gefühle kein bißchen erhellen. Eine schlechte Entscheidung kann zur nächsten führen und einen Menschen auf der Spirale der Hoffnungslosigkeit und Apathie immer weiter nach unten ziehen.

Es ist wichtig, den Kontakt zu Familie, Freunden und Gemeinde aufrechtzuerhalten, da Depressive dazu neigen, sich aus zwischenmenschlichen Kontakten zurückzuziehen. Wenn der normale Bekanntenkreis jedoch aus Menschen mit grundsätzlich schlechten Angewohnheiten oder Suchtproblemen besteht, ist es besser, sie zu meiden. Menschen in einer depressiven Stimmung drehen sich stark um sich selbst – wie schlecht sie sich fühlen, wie übel es ihnen im Vergleich zu diesem oder jenem geht, wie ungerecht sich alles für sie entwickelt hat und so weiter. Manchmal kann es eine wertvolle therapeutische Wirkung haben, über den eigenen Tellerrand hinauszublicken und einem anderen bei dessen Problemen zu helfen. Normalerweise versuche ich, depressive Menschen davon zu überzeugen, daß sie sich nach einer aktiven, lebendigen Gemeinde umsehen müssen, wenn sie nicht schon zu einer solchen gehören. Sich auf Gott zu konzentrieren (der nie depressiv wird), sich in einer kleinen Gruppe auf andere Menschen einzulassen und sich für ein praktisches Gemeindeprojekt freiwillig zu melden, kann Wunder wirken oder wenigstens Menschen in eine heilende Umgebung versetzen.

Wenn man an dem einen oder anderen Energieräuber arbeitet, die in diesem Buch angesprochen werden, kann dies helfen, eine Depression zu überwinden, selbst wenn immer nur winzige Schritte unternommen werden können. Körperliche Betätigung ist beispielsweise schon lange als wirkungsvolles Mittel bei der Verbesserung der allgemeinen Grundstimmung anerkannt. Eine Änderung der Eßgewohnheiten kann nötig sein. Mit dem Rauchen oder Trinken, das für viele ein falscher Ausweg aus ihren unglücklichen Gefühlen ist, aufzuhören, kann auch entscheidend sein. Vorschläge wie diese sind wie so viele andere viel leichter gesagt als getan, aber ein erfahrener Seelsorger oder Therapeut und die Unterstützung von Freunden kann helfen, in kleinen Schritten ans Ziel zu gelangen.

b) Mit einer Depression fertigwerden

Nicht alle Probleme mit Depressionen fallen in die Kategorien, die ich gerade beschrieben habe. Es gibt andere, seltenere und stärkere Formen der Depression, bei denen die Betreuung durch einen Psychiater wichtig ist:

Psychosen, bei denen ein Mensch sich nicht nur unwohl fühlt, sondern Sinnestäuschungen und Halluzinationen erlebt, müssen unverzüglich mit speziellen Medikamenten behandelt werden.

Selbstmordgefährdete Menschen benötigen neben seelsorgerlich helfenden Freunden ebenfalls die intensive Betreuung von Fachärzten.

Manisch-Depressive erleben Stimmungsschwankungen in zwei Richtungen: manische Phasen, in denen sich ein Mensch hervorragend, energiegeladen und sprichwörtlich »obenauf« fühlt (aber ein schlechtes Urteilsvermögen hat); und depressive Phasen, die oft erschreckend düster sein können. Diese zwei Phasen können im Abstand von Monaten oder Jahren auftreten oder von einem Tag auf den anderen ohne Vorwarnung schwanken. Diese Krankheit mit Medikamenten in den Griff zu bekommen, ist schwierig, aber lebenswichtig, um im Leben eines Menschen das völlige Chaos zu verhindern.

Ruhe und Sachlichkeit ist im Umgang mit Depressionen sehr wichtig, da letztendlich viele verschiedene Behandlungs- und Betreuungsmethoden nötig sein können. Wer meint, jede depressive Phase werde von einem Neurotransmittermangel verursacht, konzentriert sich vielleicht ganz auf Medikamente und läßt dabei wichtige andere Punkte, die zu beachten wären, außer acht. Anderen, die meinen, Medikamente würden die wirklichen Probleme (falsche Lebenseinstellung, schlechte Gewohnheiten und Beziehungsstörungen) nur verschleiern, fehlt vielleicht der Blick für das langsame Voranschreiten der körperlichen Symptome, die von Neurotransmittern beeinflußt werden.

Einige Christen sehen Depressionen als ein rein geistliches Problem, das durch das Wort Gottes, Ermutigung und Gebet zu lösen wäre. Sie mißtrauen Medikamenten und allem, was auch nur im entferntesten nach Psychologie aussieht. Nun – auch an dieser Position ist etwas richtig, da viele Therapeuten die geistlichen Aspekte einer Depression völlig außer acht lassen.

c) Geistliche Dimensionen einer Depression

Schuld, Umkehr und Vergebung

Zu den entscheidenden Fragen menschlicher Existenz gehören Schuld, Buße und Vergebung. Im letzten Vierteljahrhundert ist es in einer Gesellschaft, die immer mehr Betonung auf Selbstvertrauen und ein positives Selbstwertgefühl legt, äußerst unpopulär geworden, Schuld einzugestehen, zu bekennen und zu bereuen. Die Bibel lehrt denn auch, daß wir von unserem ersten Atemzug an zur Rebellion neigen und dazu, unser eigener Gott sein zu wollen.

Wir sind mit einer Natur geboren, der verzweifelt viel daran liegt, daß wir gut aussehen, daß es uns gut geht, daß wir möglichst viel besitzen und Macht ausüben. Diese Natur strebt danach, alles unter Kontrolle zu haben. Wenn etwas schiefläuft, neigt sie dazu, Schuld und Verantwortung auf andere oder auf die Umstände zu schieben, sich herauszureden oder die eigene Schuld einfach zu leugnen. Wenn wir unserer Natur folgen, kostet uns der Versuch, sie zu befriedigen, tatsächlich viel körperliche und psychische Energie: Eine glatte Oberfläche und einige vorübergehende »Hochgefühle« werden mit hohen Kraftanstrengungen aufrechterhalten. Dabei werden schwere Lasten herumgeschleppt, und sie zu verdrängen kostet weitere Energien: Streß nennt man das.

In uns ist jedoch noch eine andere Stimme, die für die absoluten Wertmaßstäbe und den einen, der sie aufgestellt hat, empfänglich ist. Sie will das tun, was richtig ist, sich sauber und unschuldig fühlen. Diese Stimme regt sich in jedem von uns, auch in Menschen, die von geistlichen Werten noch nicht viel gehört haben. Der Apostel Paulus spricht von Leuten, die keinen direkten Kontakt zu den moralischen Gesetzen haben, denen aber »in ihr Herz geschrieben ist, was das Gesetz fordert, zumal ihr Gewissen es ihnen bezeugt« (Römer 2,15). Die Bereitschaft, Gottes Geboten zu gehorchen, kann durch eine gute Erziehung schon in den frühesten Lebensjahren verstärkt werden oder auch unter schlechten äußeren Bedingungen und negativen Beispielen dahinwelken.

Schließlich hängt unser geistliches Wohlbefinden von wesentlich wichtigeren Dingen ab, als einfach anzunehmen, daß es Gott gibt, oder von den angenehmen Gedanken, daß unsere Bilanz mehr gute als schlechte Taten aufweist. Wir müssen der Tatsache ins Auge blicken, daß unsere Rebellion gegen Gott uns eine Beziehung zu ihm grundsätzlich verwehrt. Keine Ansammlung guter Taten oder religiöser Formen unsererseits kann die Maßstäbe verwischen, die das Gesetz in uns setzt, kann die Kluft zwischen uns und Gott überbrücken, die aus unserem falschen Verhalten und unserer rebellierenden Natur entsteht.

Wir stehen damit alle vor der Wahl zwischen zwei Möglichkeiten: Wir können weiterhin und in alle Ewigkeit die Folgen unserer Haltung und Taten tragen. Wir verfehlen dann ungewollt, aber wissentlich das Ziel. In seiner Argumentation gegen den Anspruch der Menschheit, schuldlos zu sein, erklärt der Apostel Paulus mit allem Nachdruck: »Sie sind allesamt Sünder und ermangeln des Ruhmes, den sie bei Gott haben sollten« (Römer 3,23).

Zweitens können wir uns dafür entscheiden, umzukehren und zuzugeben, daß wir bei Gott überhaupt nichts vorweisen können, und das anzunehmen, was er uns anbietet: die Bezahlung der übergroßen Schuld. Sobald wir diese Möglichkeit zum ersten Mal ernst nehmen – sobald wir begreifen, daß Jesus litt und starb, damit Gott uns unsere ganze Rebellion gegen ihn vergeben kann, und wenn wir ihm dann unser Leben mit allem Guten und Bösen übergeben, verändert diese Erfahrung unser Leben von Grund auf. Dieses Erlebnis wird in der Bibel als Wiedergeburt bezeichnet (Johannes 3,5-8).

Mit diesem entscheidenden Schritt haben wir buchstäblich das Leben gewählt und noch viel mehr, denn: »Ist jemand in Christus, so ist er eine neue Kreatur; das Alte ist vergangen; siehe, Neues ist geworden« (2. Korinther 5,17). Gottes Anwesenheit in unserem Leben unterscheidet sich völlig von dem allgemeinen Gefühl, zwischen richtig und falsch unterscheiden zu können. Diese Neugeburt und alles, was sie nach sich zieht, ist der größte Energiespender, denn Gott ist für immer und ewig die letztendliche Quelle aller Ziele und aller Kraft.

Warum aber haben wir Christen trotz dieser Erfahrung, die unser Leben bis in alle Ewigkeit verändert, immer noch Probleme wie Depressionen und chronische Müdigkeit?

Weil die Welt und unser Körper Teil der gefallenen Schöpfung sind, und weil sich die »alte Natur« unserer Veranlagung, unserer Neigungen, unserer Wünsche immer wieder gegen die neue erhebt und ihren alten Machtanspruch geltend macht. Konkret heißt das, daß die Fähigkeit und der Drang, das Falsche zu tun oder das Richtige zu ignorieren zwar eingeschränkt werden kann, aber nicht völlig verschwindet. Dagegen wächst das Bewußtsein, daß dies so ist, und damit die Anerkennung unserer Abhängigkeit von Gott und damit wiederum die Bereitschaft, ihn um Leitung, Weisheit und Kraft zu bitten, so daß die Kraft zum Widerstand von IHM kommt, der gerne viel und nur Gutes und dies im Überfluß gibt.

Das ist das Neue und nun sind wir überzeugt, daß die ständige Beziehung zu Gott unermüdlich aufrechterhalten und gepflegt werden muß, so ähnlich wic man ständig atmen muß. Fehlverhalten wird als solches zugegeben, und die Vergebung, die Gott schon geschenkt hat, muß man immer wieder in Anspruch nehmen, vielleicht mehrmals am Tag (oder in der Stunde). Leider gibt es weit verbreitete Hindernisse, die der Vergebung im Weg stehen:

Schuldzuweisungen, eines der häufigsten menschlichen Verhaltensmuster, ist in unserer Gesellschaft zu einem regelrechten Freizeitvergnügen geworden. Ohne daß es den kleinen Kindern jemand zeigen oder vormachen muß, reden schon sie sich damit heraus, wer »angefangen hat«, »wer schuld ist«, und weisen mit dem Finger in alle Richtungen, wenn sie für ihr Fehlverhalten bestraft werden sollen. Diese Neigung verschwindet auch nicht unbedingt mit dem Erwachsenwerden. Wenn etwas schiefläuft, eine Arbeit mißlingt, oder wenn irgendeine Erwartung (ob groß oder klein) nicht erfüllt wird, folgt die Frage nach dem Schuldigen und nach der Höhe des angerichteten Schadens. Da es sich gut auszahlen kann, wenn wir die Schuld auf andere abschieben (besonders wenn beispielsweise eine Versicherungssumme auf dem Spiel steht), kann es andererseits auch ein riskantes Unterfangen sein, die Verantwortung für einen ungünstigen Vorfall teilweise oder ganz auf sich zu nehmen. Heute wird uns praktisch kein Rollenmodell vorgelebt, wie man als reifer Mensch die Verantwortung übernimmt, wenn etwas schiefläuft. Im Straßenverkehr heißt es ohnehin: Niemals eigene Schuldanerkenntnis!

Leugnen der eigenen Sünde ist ein Verhalten, das eng mit Schuldzuweisung verbunden ist. Wenn wir niemanden zur Hand haben, auf den wir mit dem Finger zeigen können, schreien wir wie die Kinder: »Ich bin's nicht gewesen!« Und wenn falsches Verhalten tiefenpsychologisch diagnostiziert wird, sind ohnehin die andern schuld: Eltern, Gesellschaft, Religion. Dann ist unser Fehlverhalten Folge unbefriedigter Bedürfnisse in der Kindheit oder eines schlechten Selbstbewußtseins, erworben ebenfalls in grauer Vorzeit, und so verspüren wir nicht die Notwendigkeit, uns davon zu befreien.

Der energiespendende Prozeß, persönliches Fehlverhalten richtig zu verarbeiten, wird auch dadurch verhindert, daß man vorgibt, es gebe ja in Wirklichkeit gar niemanden, gegen den man sündigen könne. Unsere Gesellschaft ist von der Auffassung durchdrungen, daß der wichtigste Faktor bei einer moralischen Entscheidung darin besteht, daß man das Gefühl hat, richtig zu handeln – ob dabei jemand zu Schaden kommt, ist zweitrangig. Einige Kirchen verkünden deshalb die Ansicht, daß bei Gott unsere kleinen Unvollkommenheiten nicht halb so wichtig sind wie die große soziale Ungerechtigkeit oder die Umweltbelastungen unseres Planeten. In der New Age-Bewegung ist man überzeugt, daß wir alle – richtig eingestellt – unsere eigenen obersten Richter seien, ohne das normalerweise zu wissen, und daß das, was wir gut und böse nennen, nur verschiedene Seiten derselben Wirklichkeit seien. In allen diesen Gruppierungen wird der Gedanke, daß wir uns vor einer letzten Autorität zu verantworten haben, als mittelalterliches Relikt abgetan. Aber die euphorische Selbsteinschätzung – gleich auf welcher Grundlage – steht immer im Kontrast zu unserer täglichen Realität: von Vollkommenheit so weit entfernt wie von der nächsten Galaxie.

Falsche Schuldgefühle sind das andere Extrem und ebenfalls starke Energieräuber. Wenn wir die Schuld für Vorfälle auf uns nehmen, die nicht in unserer Hand liegen, raubt uns das viel Kraft und verursacht Depressionen. Die erdrückende, aber unrealistische Verantwortung, die Kinder verspüren, wenn ihre Eltern sich scheiden lassen, ist ein dramatisches Beispiel dafür. Ähnlich schwer sind die Schuldgefühle, die Opfer von Mißbrauch empfinden. Ehefrauen, die von ihren Männern geschlagen werden, sehen normalerweise die Verantwortung für ihre Verletzungen bei sich selbst. (Die Kirche hat dabei nur allzuoft Frauen die verheerend falsche Botschaft vermittelt, daß sie die biblische Pflicht, sich ihrem Mann unterzuordnen, erfüllen, wenn sie sich jeden Tag verprügeln lassen.) Kinder, die sexuell mißbraucht werden, und Opfer von Vergewaltigungen tragen im allgemeinen eine große Last mit sich herum, weil sie sich schuldig fühlen und sich schämen, als ob sie irgendwie für die Gewalt, die ihnen angetan wurde, verantwortlich wären.

In weitaus weniger dramatischen alltäglichen Ereignissen erleben viele Menschen, daß die falsche Übernahme von Verantwortung ein großer Energieräuber ist. Wenn wir versuchen, den Erwartungen, die andere an uns stellen, gerecht zu werden (und uns beispielsweise freiwillig für eine neue Aufgabe melden, obwohl unser Terminkalender bereits ausgereizt ist), kann dies zu einem großen Energieräuber werden.

Die Unfähigkeit, die Vergebung anzunehmen, kann ein großes Hindernis darstellen, auch für Menschen, die nicht mit Leugnen oder falschen Schuldgefühlen zu kämpfen haben. Jesus hat zwar am Kreuz dafür bezahlt, aber manche Menschen glauben trotzdem, daß ein gerechter Gott mit ihnen nichts zu tun haben wolle.

Meine Frau arbeitet sehr viel mit Frauen, die nach einer Abtreibung mit ihren negativen Gefühlen – besonders Wut und Depressionen – nicht allein fertigwerden.

Viele Christinnen oder Frauen, die Christen wurden, nachdem sie eine oder mehrere Abtreibungen hinter sich haben, können nicht begreifen, daß Gott ihnen vergeben kann, was sie getan haben. Einige schleppen jahrelang die Vorstellung mit sich herum, daß sie eine engere Beziehung zu Gott erst eingehen dürfen, wenn sie eine bestimmte Zeit »gut« waren – das können fünf bis sieben Jahre sein! Und als Ergebnis solcher fast immer ergebnislosen Bemühungen sind Depression, tiefe Verunsicherung und neues Schuldigwerden fast die Regel.

Kein Ziel vor Augen

Ein anderes geistliches Problem, das mit Depressionen in Zusammenhang steht, ist das Fehlen eines Zieles. Sich durch die tägliche Routine zu kämpfen, Woche für Woche oder Monat für Monat zu leben, ohne das Gefühl zu haben, daß irgend etwas Entscheidendes geschieht, kann eine depressive Phase noch verstärken.

Andererseits wirkt sich ein sinnvolles und anspornendes Ziel äußerst energiebereichernd aus. Dabei brauchen wir als Beispiel nur einmal das Buch des Predigers lesen. König Salomo betrachtete seine prächtige Umgebung und alles, was er erreicht hatte, mit der düsteren Einstellung, daß alles sinnlos sei. Inmitten seines ganzen Reichtums hatte Salomo die Orientierung verloren. Vergleichen Sie dieses Buch einmal mit der Apostelgeschichte, die voll Aufregung und Erwartung steckt. Die ersten Christen strotzten vor Erwartungen, freuten sich, wenn sie Schläge einstecken mußten, und sangen im Gefängnis, weil ihr Ziel und ihr Auftrag so zwingend war.

Geistliche Kriegsführung

Ein drittes geistliches Problem, das zu Depressionen führen kann, ist die geistliche Kriegsführung, der unsichtbare Konflikt zwischen Gott und seinen Feinden. Die Ansichten darüber sind oft von Extremen gekennzeichnet: Entweder wird dieses Thema als Hirngespinst abgetan oder maßlos übertrieben. Jesus und die Leiter der ersten Gemeinde erkannten den Einfluß dämonischer Mächte an und betonten die Bedeutung geistlicher Reife, um damit richtig umzugehen. Menschen, die sich auf Okkultismus, Parapsychologie, halluzinogene Drogen (die als »bewußtseinserweiternde Drogen« je nach Dosis schizophrenieartige Zustände bei vollem Bewußtsein hervorrufen) oder offenen Satanismus eingelassen haben, öffneten Mächten Tür und Tor, die ganz und gar nicht ihr Wohl im Sinn haben. Schwere Depressionen können neben anderen Folgen daraus resultieren.

Selbst diejenigen, die als Diener Gottes in diesen Kampf ziehen, sind gegenüber den Folgen dieses Krieges nicht immun. Elia verpaßte den Baalspriestern auf dem Berg Karmel in einem »Gebetskampf« eine niederschmetternde Niederlage und demonstrierte eindrucksvoll Gottes Autorität (1. Könige 18). Aber wenige Tage später lief er vor der Königin Isebel um sein Leben, bis er einen Punkt völliger Erschöpfung und Verzweiflung erreichte. »Er setzte sich unter einen Wacholder und wünschte sich zu sterben und sprach: ›Es ist genug, so nimm nun, Herr, meine Seele‹« (1. Könige 19,4). Erst nach einer kräftigen Speisung durch einen Engel und einem intensiven Gespräch mit dem Herrn besserte sich sein depressiver Zustand.

Die meisten Menschen, die an vorderster Front im Dienst für Gott arbeiten und kämpfen, erleben Phasen des Widerstandes in ihrem Leben, mit denen sie nicht gerechnet hätten, und in denen sich eine unsichtbare, aber spürbare Wolke über sie legt. In diesen Situationen ist das Bekennen von möglichen Sünden, Seelsorge und Gebet mit anderen, die geistliche Reife und Verständnis besitzen, meistens weitaus effektiver als irgendwelche Antidepressiva.

Eines darf nicht außer acht gelassen werden: Alle Behandlungsebenen – medikamentös, psychologisch und geistlich – haben ihren Stellenwert, aber die richtige Methode ist bei jedem Menschen oder sogar bei ein und demselben Menschen im Laufe der Zeit verschieden. Scheuen Sie sich nicht, in allen Bereichen Hilfe zu suchen.

11. Streß und Unruhe

Räuber: Geistige Grabenkämpfe

Spender: Das ganze Bild

Zu allen Zeiten suchten Ärzte und Patienten nach Erklärungen für Symptome und Störungen, bei denen sie mit ihrer Weisheit am Ende waren. Auch wenn Begriffe wie »Körpersäfte« und »Miasma« nicht mehr in den Mund genommen werden und die Erklärung: »Das muß ein Virus sein« nicht immer zieht, gibt es eine todsichere, alles umfassende Ursache für Krankheiten: Streß. Seit einigen Jahren muß Streß für fast alles herhalten: Bluthochdruck, Zucker und Unterzucker, laufende Nase, Kopfschmerzen, Herzinfarkte, Krebs und Magengeschwüre, um nur einiges zu nennen.

Was hat Streß mit Müdigkeit zu tun? Menschen, die unter Streß stehen, fühlen sich müde und außer Atem, weil sie ständig versuchen, Krisen zu bewältigen, und dabei ist es gleich, ob diese nun echt oder nur eingebildet sind. Sie fühlen sich von diesen Krisen erschöpft und sind nicht in der Lage, mit ihrem normalen Leben fertigzuwerden. Was ist Streß? Wie reagiert unser Körper auf Streß? Wie können wir lernen, effektiver mit dem Streß umzugehen, dem wir uns ausgesetzt fühlen?

a) Was ist Streß?

Das Thema Streß und Streßmanagement hat sich in den letzten zwanzig Jahren zu einem florierenden Geschäft entwickelt. Bücher, Videos, Kassetten und Seminare überschwemmen den Markt und wollen diese offensichtliche Plage unserer Gesellschaft abwenden helfen.

Leider ist ein Großteil der Gespräche über dieses Thema in den Medien, in Arztpraxen und über den Gartenzaun durch die Ungewißheit über die genaue Bedeutung dieses Wortes von Anfang an schon unklar und verschwommen. Über Streß kursieren mindestens vier Definitionen:

1) Streß hat damit zu tun, daß der Gestreßte mit unangenehmen Umständen fertigzuwerden versucht. So wird dieses Wort am häufigsten verstanden. Wenn jemand sagt: »Ich habe momentan viel Streß«, dann meint er meistens, daß einer oder mehrere Bereiche seines Lebens augenblicklich nicht so gut laufen, oder daß er in wenig Zeit viel zu bewältigen hat.

2) Streß ist eine unangenehme innere Reaktion. Wenn jemand stöhnt: »Diese Situation streßt mich«, meint er, daß ihm seine Lebensumstände zu schaffen machen; daß er sie vielleicht sogar als unerträglich empfindet.

3) Streß ist die Reaktion des Körpers auf eine bestehende Herausforderung. Wenn wir mit einer Situation konfrontiert werden, die unser Handeln erfordert, aktiviert unser Körper mehrere körperliche Reaktionen. Bliebe diese Reaktion aus, wäre ein sinnvolles Handeln stark eingeschränkt.

4) Streß ist die Reaktion unseres Körpers auf Belastungen. Über Streß als langwierige Krankheit, die ein breites Spektrum von Symptomen und auch tatsächlichen körperlichen Schaden verursacht, wird viel geschrieben. Einige Autoren übertreiben ein bißchen, wenn sie Streß als die Wurzel fast jeder körperlichen Krankheit hinstellen, während andere wiederum angemessene, interessante Fragen über die äußerst komplexen Zusammenhänge und Zwischenspiele zwischen dem Geist und dem Körper aufwerfen.

Alle diese Vorstellungen haben eine gewisse Gültigkeit, aber um Verwirrungen zu vermeiden, wollen wir uns auf die Definition konzentrieren, die in diesem Buch benutzt wird: Streß ist jede Situation, bei der ein Mensch gefordert ist, zu handeln oder etwas zu verändern. Der Anlaß kann belanglos sein (aufstehen und ans Telefon gehen) oder existentiell (einen Angreifer abwehren), angenehm (ein Sieg) oder unangenehm (eine Gerichtsverhandlung). Andererseits ist Streß ein relativ stereotyper Ablauf von körperlichen Reaktionen, die den Körper befähigen, mit der gegebenen Situation richtig umzugehen.

b) Wie reagiert unser Körper auf Streß?

Auf Streß reagiert unser Körper normalerweise mit einem Ansteigen des Blutdrucks, der Herzfrequenz und des Muskeltonus, einer Erweiterung der Pupillen, einer stärkeren Blutversorgung des Gehirns und der Skelettmuskeln (die den Körper bewegen) und gleichzeitig einer eingeschränkten Blutversorgung der Verdauungsorgane, die in diesem Augenblick nicht so viel Blut benötigen.

Ein großer Teil dieser körperlichen Reaktion wird durch das Hormon Adrenalin (das vom Nebennierenmark ausgeschüttet wird) und dem Sympathikusbereich des Nervensystems (ein Teil des autonomen Nervensystems, der viele körperliche Funktionen steuert) gelenkt. Normalerweise sendet unser Körper nach jeder bewältigten Herausforderung ein Signal aus, das »Alles klar« meldet. Dann kehrt der Körper wieder in seinen ursprünglichen Zustand zurück.

Wir kennen alle diesen Adrenalinausstoß, wenn wir auf der Autobahn einem Unfall knapp entgangen sind, oder wenn wir nachts vor dem Schlafzimmerfenster ungewöhnliche Geräusche hören. Diese »Kampf«- oder »Flucht«-Reaktion ist die Art und Weise, wie unser Körper mit plötzlichen und gefährlichen Ereignissen umgeht. Wenn er sich nicht automatisch auf Handeln einstellen würde, wären wir nicht in der Lage, Krisen zu bewältigen. Normalerweise reagieren wir auf etwas Routinemäßiges viel weniger stark, aber wenn sich in unserem Körper überhaupt nichts verändern würde, würden wir schon zusammenbrechen, wenn wir nur von einem Stuhl aufstehen wollen. Leider kann bei einem so komplexen System auch viel falsch laufen.

Einige Menschen sind körperliche »Hochreaktoren« – das heißt, sie reagieren auf jede rote Ampel, jeden Telefonanruf oder auch schon auf ein einfaches Videospiel, als wäre gerade ein zähnefletschender Tiger durch das Fenster gesprungen. Selbst wenn sich diese Menschen psychisch ausgeglichen fühlen, schwankt ihr Blutdruck und ihre Pulsfrequenz beim kleinsten Anlaß. Sie merken vielleicht überhaupt nicht, daß etwas nicht stimmt, bis ihr

Arzt ihnen sagt, daß sie einen erhöhten Blutdruck haben. Eine Therapie oder eine Veränderung des Lebensstils kann hier eine Besserung bewirken, aber nicht immer. Wieviel davon genetisch festgelegt ist, und wieviel nur eine Gewohnheit ist, läßt sich schwer sagen. Einige Menschen scheinen »adrenalinsüchtig« zu sein; sie fühlen sich unausgewogen, wenn nicht irgendeine Krise zu bewältigen ist.

Häufiger ergeben sich Probleme, weil die ständigen kleinen Störungen im Alltag eine stundenlange Herausforderung an den Körper darstellen. Der Wecker funktioniert nicht – man muß sich beeilen, um rechtzeitig zur Arbeit zu kommen. Die Kinder sind miesepetrig und hängen schlecht gelaunt über ihrem Frühstücksmüsli. Jemand hat das Fernsehgerät angestellt oder vergessen, es am Abend vorher abzuschalten. Der Hund hat sein Geschäft auf dem Wohnzimmerteppich verrichtet. Ein Kind hat gerade ein Saftglas auf dem Tisch ausgeschüttet und ein anderes findet seinen Schuh nicht. Die Kleidung, die man heute anziehen wollte, ist noch im Wäschetrockner. Keine Zeit zum Frühstücken – nur ein Schluck Kaffee und dann heißt es laufen. Ein Verkehrsstau. Kein freier Parkplatz. Der Chef wartet schon wutschnaubend an der Tür und fragt, warum der Bericht für den neuen Kunden noch nicht fertig ist. Das Telefon klingelt unaufhörlich. Und so weiter.

Hier hilft es nicht, wenn sich der Körper auf »Kampf« oder »Flucht« einstellt. Sie können nicht mit einem Stuhl nach Herrn Müller werfen, den Schreibtisch kippen oder sich die Lunge aus dem Leib schreien.

Aber Ihr Herz schlägt schneller, die Muskeln spannen sich, der Blutdruck steigt, und der Darm wird übersäuert. Der Körper sendet für die nächsten acht Stunden kein »Alles-klar«-Signal. Und wenn man endlich nach Hause kommt, gerät man vom Regen in die Traufe! Wenn man dort auch nur ein einziges Chaos vorfindet, weil Stromausfall war, die Kinder miteinander raufen und Worte fallen, die lieber ungesagt blieben, ändert sich an der körperlichen Alarmbereitschaft immer noch nichts.

Einige Autoren argumentieren, daß dieser Zustand, wenn er länger anhält, viel zu den »Zivilisationskrankheiten« beiträgt – Herzinfarkte, Schlaganfälle, möglicherweise sogar Arthritis und Krebs. Sie sagen, daß »die chronisch überhöhte Ausschüttung und Zirkulation der Katecholamine (Adrenalin und Noradrenalin) … die Hauptfaktoren bei dem umfangreichen Prozeß der Arterienverkalkung und Thrombose sein können.«[14]

Bei dem Versuch, die Streßmenge, die ein Mensch in einer bestimmten Zeit erfährt, einzuordnen, entwickeln zwei Forscher in einem neueren Artikel ein Punktesystem. In ihrer Liste führt der »Tod des Ehepartners« mit 100 Streßpunkten an. Diesem folgen zahlreiche andere Vorfälle wie der Antritt einer neuen Arbeitsstelle, Umzug, Geldschulden, Urlaub und Weihnachten. Ihre Untersuchung legt die Vermutung nahe, daß die Wahrscheinlichkeit für eine körperliche Krankheit größer ist, wenn genug Streßpunkte in einem Jahr angesammelt werden. Diese Tabelle findet weithin als Maßstab für streßauslösende Ereignisse Anerkennung. Jedoch mißt man ihr nicht die Fähigkeit zu, Krankheiten konkret vorherzusagen.

Aber welche Wirkung eine längere körperliche Streßreaktion auch auf den Ausbruch einer Krankheit haben mag – es besteht wenig Zweifel daran, daß sie zur Müdigkeit beiträgt. Ohne »Alles-klar«-Meldungen im Leben fühlt man sich wie jemand, der ständig eine stark befahrene Straße ohne Ampel oder Zebrastreifen überquert. Eine besonders mitgenommene Frau beschrieb ihr Leben als »eine einzige große Linkskurve«.

c) Wie definieren wir stressige Ereignisse?

Streß durch verheerende Krisensituationen oder durch ein Leben, das ständig auf der Überholspur abläuft, wird ermüdend sein. Aber es gibt da noch eine andere, ebenfalls entscheidende Komponente, die wir nicht übersehen dürfen: die Art und Weise, wie wir interpretieren, was vor sich geht.

Viele Situationen versetzen nahezu alle Menschen in richtigen Streß: Krieg, Gefangenschaft, chronische Mißhandlungen oder ein Mangel an den Grundbedürfnissen des Lebens wie Essen, Wohnung oder Kleidung schaffen bei fast jedem Menschen eine lang anhaltende körperliche Alarmbereitschaft.

Man sollte jedoch nicht vergessen, daß der Mensch eine erstaunliche Fähigkeit besitzt, sich bis zu einem gewissen Grad widrigen Situationen anzupassen. Viel hängt von der inneren Lebenseinstellung ab.

Aber es leben viele Menschen tagtäglich mit denselben Alarmsignalen und sind als Folge davon ebenfalls chronisch müde, ohne solchen schrecklichen Bedingungen ausgesetzt zu sein. Sie wohnen vielleicht in einer schönen Wohnung, haben reichlich zu Essen und einen vollen Kleiderschrank. Sie haben vielleicht sogar jeden Tag Kontakt zu zivilisierten, netten Menschen. Trotzdem empfinden sie die Situation um sich herum ständig als bedrohlich und reagieren entsprechend.

Worin besteht diese Bedrohung konkret?

Daß etwas verloren oder nicht erreicht werden könnte?

Was konkret?

Einige Menschen fürchten um ihre Sicherheit, ihre Gesundheit oder um ihren Komfort. Andere fürchten, ihr Einkommen, ihre Stellung, liebe Angehörige, Beziehungen und Selbstachtung zu verlieren. Durch diese Ängste steht ihr Körper in ständiger Alarmbereitschaft.

Angst

Manche Menschen reagieren sehr stark auf Situationen, die andere höchstens leicht irritierend oder gar interessant finden. Wenn auf konkrete Situationen immer dieselben extremen Reaktionen folgen, nennt man dieses Verhalten Phobie. Angst vor Höhen oder geschlossenen Räumen sind bekannte Phobien, aber praktisch alles – ein Hund, eine Biene, Dunkelheit – kann in einem Menschen einen großen Alarm auslösen. Einige bedauernswerte Menschen erleben bei Dutzenden alltäglicher Situationen eine starke Angst mit allen körperlichen Begleiterscheinungen. Ob nun diese Angst ausgesprochen oder unausgesprochen ist, sie rechnen immer mit dem Schlimmsten. Sie meinen, jede Autofahrt werde mit einem Verkehrsunfall enden. Die Nachbarn sind alle böswillige Menschen. Jedes körperliche Symptom ist ein sicheres Anzeichen für Krebs, Multiple Sklerose oder eine Herzkrankheit. Nur zwei oder drei Menschen auf der Welt kann man trauen, die übrigen sind entweder inkompetent oder bösartig. Die Welt ist ein sehr gefährlicher Ort, überall und immer.

Doch die Welt ist tatsächlich ein gefährlicher Ort. Schalten Sie nur die Nachrichten ein. Sie werden mit Gewaltakten von Terroristen, Amokläufern, Mißhandlungen, Drogenkriegen, Umweltverschmutzung und Naturkatastrophen überschüttet. Altlasten verlassener Industrieplätze, Gifte in den Nahrungsmitteln, AIDS breitet sich immer noch aus. Viele schlimme Dinge gehen unaufhaltsam weiter – aber niemand kann sehr gut oder sehr lang leben, wenn er ständig mit drohenden Gefahren rechnet.

Wenn uns immer die Angst auf den Fersen sitzt, wird unser

Körper unausweichlich reagieren. Wenn unser Körper mit einem ständigen Adrenalinausstoß und einer Bombardierung mit den Signalen des autonomen Nervensystems reagiert, leiden wir vielleicht unter Schmerzen im Brustkorb, Herzklopfen, Kurzatmigkeit, Kopfschmerzen, Bauchkrämpfen – und vor allem an Müdigkeit. Wir sind erschöpft!

d) Streßbewältigung

Da es ganze Bücher über Streßbewältigung gibt, wollen wir hier nur einige wichtige Gedanken dazu aufgreifen. Wie bei allem anderen, das zur Eindämmung von Energieräubern dient, ist es auch hier leichter zu wissen, was man tun müßte, als es tatsächlich zu tun. Mit diesem Wissen im Hinterkopf sollten Sie an die folgenden Vorschläge herangehen.

Veränderungen

Der Kern aller Streßbewältigung wird in dem berühmten Gebet ausgedrückt, das Franz von Assisi zugeschrieben wird: »Gott, gib mir die Kraft, das zu ändern, was ich kann, die Geduld, anzunehmen, was ich nicht ändern kann, und die Weisheit, das eine vom anderen zu unterscheiden.« Wenn das Tempo in unserem Leben zu schnell ist, wenn zu viele Anforderungen von zu vielen Menschen an uns herangetragen werden, wenn zu viele Widrigkeiten auf einmal auf uns einströmen, werden wir zuerst herausgefordert, uns zu entscheiden, was sich äußerlich und innerlich ändern muß.

Äußere Veränderungen. Auch wenn es unmöglich erscheinen mag, Ihre Umstände zu ändern, sollten Sie nicht aufgeben und nicht einfach davon ausgehen, daß sich die Dinge nie ändern. Überlegen Sie sich genau, was Sie tun können.

Ist die Wohngegend zu dicht bevölkert oder zu laut oder gefährlich? Ist die Fahrt zur Arbeit zu lang und zu belastend? Was kann man in diesem Fall tun, um die äußeren Umstände zu ändern? Wenn alles andere nichts hilft, was kostet es dann, in eine andere Wohnung umzuziehen?

Kann man mit Ihrem Chef schwer auskommen? Ist die Arbeit unbefriedigend, langweilig, zu anspruchsvoll oder sinnlos? Lungern Ihre Kollegen nur herum oder sind sie zu aggressiv? Was kann man unternehmen, um diese Zustände zu ändern? Wenn alles andere nichts hilft, was spricht dann gegen einen Arbeitsplatzwechsel?

Stehen Sie unter einem ständigen finanziellen Druck und haben – statt am Ende des Monats noch zuviel Geld – am Ende des Geldes noch viel zuviel Monat übrig und Gläubiger, die Tag und Nacht anrufen? Was kann man unternehmen, um das Einkommen zu erhöhen oder die Ausgaben zu senken? Welche Zahlungsprobleme müssen neu ausgehandelt werden? Wenn nichts anderes hilft, sollten Sie dann vielleicht einen Schuldenberater aufsuchen?

Erwartet Sie zu Hause ständiger Krach, Streit und eine schlechte Stimmung? Sind die Kinder nicht zu bändigen? Ist die Beziehung zu Ihrem Ehepartner eingeschlafen, lau oder gar feindselig? Was können Sie tun, um diese Zustände zu ändern? Wenn alles andere nichts hilft, sollten Sie eine gute Ehe- oder Familienberatungsstelle aufsuchen, die Ihnen helfen kann, die Harmonie zu Hause wiederherzustellen.

Veränderungen innen. Leider werden immer wieder Entscheidungen getroffen, ohne daß wirklich alle Aspekte geprüft und besonders jene ins Visier genommen werden, die innere Veränderungen verlangen.

Elisabeth kam mit einer Menge Probleme in die Praxis. Sie war außer Atem, hatte Kopfschmerzen und Magenkrämpfe. Kollegen in der Firma rauchten, während sie mit schweren Allergien zu tun hatte. Ihr Chef verlangte zu viel – und Überflüssiges – von ihr, und als sie zur Beratung kam, hatte sie gerade ihren dritten Job innerhalb von 18 Monaten angetreten.

Sie sprach über ihre Beziehung zu Vorgesetzten und Kollegen. Dabei kam heraus, daß sie feste Vorstellungen über Arbeitsabläufe und ähnliche Dinge hatte und dies auch deutlich zum Ausdruck brachte. Außerdem fand sie, daß manches, was der Chef anordnete, höchst überflüssig war, und so blieben solche Dinge auch manchmal liegen. Die Konsequenzen ihrer Erwartungen und ihres Handelns lagen denn auch auf der Hand: Streß und Stellenwechsel waren unumgänglich.

Wenn wir den Eindruck haben, daß wir eine Sache falsch angehen, müssen wir zu einer anderen Hergangsweise bereit sein. Elisabeths Dynamik, mit der sie ihre Probleme löste – kündigen und neue Stelle suchen – erwies sich jedoch als Fehlschluß. So werden niemals Probleme gelöst. Wenn Liebende miteinander in Konflikt geraten, können sie auch nicht auseinanderlaufen und mit irgendwem wieder anfangen. Wenn unsere Kinder Probleme machen, laufen wir auch nicht fort, um mit anderen Kindern wieder anzufangen. Und welchen Sinn hätte es auch, finanziellen Problemen davonzulaufen!

Der Streß, den uns unser Terminplan bereitet, kann also in der Tat eher ein inneres Problem sein als eines, das uns von außen aufgezwungen wird. Wir müssen uns fragen, was hinter unserer Unfähigkeit steckt, daß wir nicht nein sagen können, wenn jemand meint, wir sollten irgend etwas tun. Brauchen wir Anerkennung? Ist es unser Stolz? Etwas von beidem? Was müßte gerade jetzt eigentlich getan werden? Was von mir – was nicht unbedingt von mir? Wie viel können Sie an andere delegieren? Auf einige dieser Fragen wollen wir im nächsten Kapitel genauer eingehen.

Wir müssen uns überlegen, wie wir Veränderungen herbeiführen. Eine plötzliche und drastische Veränderung im Lebensstil kann zwar in einer interessanten Situationskomödie gut aussehen, aber im wirklichen Leben können die Konsequenzen mehr Schaden anrichten als das ursprüngliche Problem. Wir müssen vielleicht einige unserer früheren Verpflichtungen beibehalten. Vielleicht müssen wir uns aus einigen Aktivitäten allmählich zurückziehen. Änderungen in unseren zwischenmenschlichen Beziehungen und am Arbeitsplatz sollten sorgfältig überdacht und schrittweise durchgeführt werden. Das ist produktiver als plötzliche radikale Veränderungen. Auf finanziellem Gebiet hilft es auf lange Sicht mehr, schrittweise Veränderungen einzuplanen – und bei Schulden diese Absichten vor allem mit den Gläubigern zu besprechen, bevor ein Konsolidierungskredit aufgenommen, noch mehr Geld von Verwandten geborgt oder einfach Konkurs angemeldet wird.

Der langen Rede kurzer Sinn: Es erfordert Mut, nötige äußere Veränderungen herbeizuführen, und Weisheit, an den nötigen inneren Veränderungen zu arbeiten.

Überdenken unserer Perspektiven

Das führt uns zu dem wichtigsten Aspekt bei der Streßbewältigung: die Änderung unserer inneren Einstellung, unserer Erwartungen und Reaktionsmuster.

Wenn wir uns ständig gestreßt und ausgelaugt fühlen, muß sich vielleicht unsere Deutung dessen, was wir im Leben erfahren, ändern. Einer der Schwachpunkte bei der Streßpunkteskala besteht darin, daß sie nicht direkt auf die Lebenseinstellung des Menschen eingehen kann, dem das jeweilige Ereignis zustößt. Der »Tod des Ehepartners« erhält auf dieser Punkteskala beispielsweise die höchste Punktezahl. In den meisten Fällen ist dies wirklich ein an die Grenze gehender, kräfteraubender, alarmierender Schlag, der die übrigen Lebensjahre des hinterbliebenen Partners tiefgehend beeinflußt. Aber wenn der Hinterbliebene aus irgendwelchen Gründen eigentlich erleichtert ist, wenn der Partner stirbt?

Davids geistiger Zustand hat sich über einen Zeitraum von drei Jahren ständig verschlechtert. Zuerst konnte er sich nicht mehr daran erinnern, wo er die Schlüssel oder seine Brille gelassen hatte. Dann unterliefen ihm Fehler bei Eintragungen in sein Scheckbuch. Wenn er zu Hause irgendeine Arbeit begann, führte er sie selten zu Ende und überließ anderen das Aufräumen. Er wurde gegenüber seiner zweiundfünfzigjährigen Frau Mary zunehmend reizbar und beschuldigte sie, Dinge zu stehlen, wenn er sie nicht mehr finden konnte.

Mehrere Monate lang verschlechterte sich die Situation unaufhaltsam. David wurde verwirrt und ruhelos, besonders nachts. Er steckte beinahe das ganze Haus in Brand, als er einen Plastikteller auf den Herd stellte und diesen dann vergaß. Er stand um vier Uhr morgens auf und geisterte durch das Haus. Dabei leerte er sämtliche Schubladen und Aktenordner aus. Er war überzeugt, daß sich seine Familienangehörigen schon seit mehreren Jahren gegen ihn verschworen hatten, und zögerte keinen Augenblick, ihnen auch zu sagen, was er über sie dachte.

Davids Arzt verschrieb ihm ein Medikament, das ihm helfen sollte, sich zu entspannen und nachts besser zu schlafen, aber dadurch wurde nur sein Gang unsicherer, und das Medikament mußte wieder abgesetzt werden. David wurde inkontinent. Seine Hosen mußten nicht nur den ganzen Tag gewechselt und gewaschen werden, sondern die Spuren seiner Schwäche verteilten sich im ganzen Haus. Schließlich kam Mary in unsere Praxis und bat um Hilfe. Sie wirkte müde, frustriert und überfordert. Ihr Mann war ein Wirrkopf geworden, und es war nicht mehr mit ihm auszukommen.

Einige Zeit später rutschte David aus und stürzte. Dabei brach er sich die Hüfte. Die nötige Operation verlief gut, aber noch im Krankenhaus löste sich ein großer Blutpfropfen in seinem Bein und wanderte in seine Lunge. Diese Lungenembolie erwies sich als tödlich. Davids Tod stellte sich für Mary als eine große Entlastung dar. Sie hatte die allmähliche Zerstörung ihrer Beziehung in den vorangegangenen Monaten mehr als Verlust und damit als Streß empfunden als jetzt seinen Tod. Am Ende war sie dankbar, daß sie David bis zuletzt begleiten und pflegen konnte. Dieser Dank war das innere Signal für die hilfreichste innere Einstellung zu allem, was nun kommen würde: Der dem Leid das Übermaß an Druck genommen hatte, würde sie auch weiter begleiten und ihr beistehen.

Drei Fragen zur inneren Einstellung als Hilfe zur Streßbewältigung:

1) Wer hat die Kontrolle?
Wir müssen eindeutig festlegen und uns täglich bewußt machen, wer die Kontrolle über unser Leben hat. Herrscht Gott über uns und die Umstände in unserem Leben? Wenn wir nicht mit Gott rechnen, sondern annehmen, daß das Universum durch das Gesetz von Ursache und Wirkung gesteuert wird, haben wir gute Gründe, uns gestreßt zu fühlen. Kümmert sich ein strafender, rächender Gott um uns, wäre auch damit erheblicher Streß für uns verbunden. Ist Gott dagegen der Vater Jesu Christi, der sich wie Jesus selbst liebevoll um uns bemüht, uns umgibt mit Schutz und Trost, sich für die alltäglichen Kleinigkeiten unserer Existenz interessiert?

Manche glauben, Gott sei zu sehr mit dem großen Ablauf des Universums und dem Lauf der Weltgeschichte beschäftigt, um sich um die Kleinigkeiten in unserem Leben zu kümmern. Weiß denn der Oberbefehlshaber der NATO, daß sich der neue Rekrut gerade den Knöchel verstaucht hat? Dieser Vorstellung, daß Gott kein Interesse an den kleinen Dingen habe, widerspricht die Bibel eindeutig und unmißverständlich, indem sie uns klarmacht, daß es unser Verstand ist, der sich nicht vorstellen kann, daß Gott gleichzeitig an der für uns nicht faßbaren Weite des Universums und an mikroskopisch kleinen Einzelheiten lenkend, korrigierend, also aktiv interessiert ist. Aber dieser Mangel an menschlicher Vorstellungskraft ist unser und nicht Gottes Problem.

Selbst wenn wir nicht zugeben, daß wir an Gottes Fähigkeit, sich um uns zu kümmern, zweifeln, handeln wir oft so, als hätten wir die Kontrolle, als könne Gott unmöglich mit unserer Situation fertigwerden. Manchmal wollen wir auch gar nicht, daß Gott sich in unseren Alltag einmischt. Denn wer weiß, welche Anforderungen er an uns stellen könnte, wenn wir ihm wirklich die ganze Kontrolle über uns überließen?

Vorausgesetzt jedoch, wir glauben, daß Gott sich um die Kleinigkeiten in unserem Leben kümmern kann, daß er dies auch tut und daß seine Absichten gut sind, dann müssen wir noch einen Schritt weiter gehen: Offenheit und Gebet müssen der Wahrheit, daß Gott die Kontrolle hat, den Weg vom Verstand über unsere Gefühle zu den körperlichen Reflexen bahnen, wo unsere unbewußten Reaktionen auf bestimmte Situationen geformt werden. Das ist ein lebenslanger Prozeß und ihn muß der Apostel Paulus gemeint haben, als er von der Erneuerung des Sinnes sprach: »Und stellt euch nicht dieser Welt gleich, sondern ändert euch durch Erneuerung eures Sinnes, damit ihr prüfen könnt, was Gottes Wille ist, nämlich das Gute und Wohlgefällige und Vollkommene« (Römer 12,2) – objektiv für Gottes Weltplanung wie für Ihren eigenen Lebensentwurf.

2) Wer sind wir?

Als zweites müssen wir diese Frage klären. Worauf basiert unser Bild von uns selbst? Die übertriebene Sorge um unser Selbstwertgefühl wird von der »Ego-Generation« so stark gefördert, daß einige Autoren jede Überlegung über unser Selbstbild als unbiblisch verdammen. Aber ob es uns gefällt oder nicht, wir laufen alle mit irgendeiner Vorstellung davon herum, wer wir sind, und diese Vorstellungen stehen in direktem Zusammenhang mit unserem vegetativen Nervensystem.

Gründet sich unser Bild von uns selbst auf ein solides Verständnis unserer Beziehung zu Gott, oder ist es auf den wackeligen Werten unserer Gesellschaft aufgebaut? Nur allzuoft wird unsere Identität von der Reaktion durch andere Menschen und durch die Erwartungen unserer Umwelt hin- und hergetrieben.

Wenn wir dem Druck der Gesellschaft, um jeden Preis Macht und Erfolg erreichen zu müssen, nachgeben, können wir bald mit einer erhöhten Herzfrequenz, einem höheren Blutdruck, steigender Magensäure und sinkender Energie rechnen. Dasselbe gilt für die Zwänge, die schon auf Kinder von der Werbung, auf Jugendliche von der Musikszene und von den Sekten ausgehen. Wenn wir selbst eine Beziehung zu Gott haben und auch verstehen, unseren Kindern zu helfen, daß Gott uns liebt und daß wir ihm wichtig sind, können wir unsere Energie dafür einsetzen, sinnvollere Ziele anzusteuern und in Gottes Reich zu verwirklichen.

3) Wer oder was bringt uns aus der Ruhe?

Wir müssen entscheiden, wem oder was wir erlauben, bei uns »die

Alarmglocken zu läuten«, unseren emotionalen Alarmknopf zu drücken. Die Liste sollte kurz sein und in erster Linie aus jenen Menschen bestehen, denen wir am tiefsten verbunden sind. Unsere Kinder werden während der Jahre, in denen sie jung und von uns abhängig sind, ständig auf dieser Liste stehen. In einigen Fällen bleiben sie viel zu lange auf dieser Liste.

Meine Großmutter war viele Jahre lang notorisch besorgt; sie sorgte sich um unser aller Gesundheit und Sicherheit. Zum Glück wurde diese Neigung von ihrem schnellen Verstand und ihrem Sinn für die richtige Perspektive in Zaum gehalten, bis sie ins hohe Alter kam. Mit zweiundneunzig Jahren erlitt sie jedoch eine schwere Krankheit, bei der ihr Gedächtnis stark in Mitleidenschaft gezogen wurde und fast alle Schranken von ihrem stark entwickelten Hang, sich um alle zu sorgen, abgerissen wurden.

Als Folge davon lebt sie jetzt mit einer unkontrollierbaren und ständigen Sorge um die Sicherheit ihrer Kinder, von denen zwei schon selbst Großeltern sind. Wenn eines von ihnen nach einem Besuch bei ihr den Heimweg antritt, ist sie nach ein paar Minuten schon ganz nervös und will sie ständig anrufen, bis sie weiß, daß sie gut nach Hause gekommen sind. Diese ständigen Sorgen fordern von ihr und auch von anderen ihren Tribut.

Die tiefen Gefühle zwischen Ehepartnern und zwischen Eltern und Kindern erzeugen unweigerlich starke Gefühle, die einen durch das ganze Leben begleiten. Wer darf außerhalb dieser wichtigen Beziehungen aber noch ihren emotionalen Knopf betätigen? Ihr Arbeitgeber? Der Fahrer, der Sie auf der Autobahn schneidet (mit unmißverständlichen Gesten)? Die langsamen Angestellten in der Bank? Beamte? Ihre lauten Nachbarn?

Ich habe einen Patienten, dessen leicht erregbarer Blutdruck sehr schwer in den Griff zu bekommen ist. Da seine Körpersprache bei mehreren Gelegenheiten darauf hindeutete, daß ihn etwas beunruhigte, versuchte ich, der Sache auf den Grund zu gehen, ob irgendwelche persönlichen Probleme eine Rolle dabei spielen könnten. Er meinte jedoch, keinerlei größere Konflikte in der Arbeit oder zu Hause zu haben. Schließlich gestand er ein, daß er sich jedes Mal stark aufrege, wenn er von einer neuen japanischen Niederlassung in den USA lese. Diese Wut wurzelt in seinen Kriegserfahrungen während des Zweiten Weltkriegs. Statt seine feindseligen Gefühle zu begraben, läßt er sich von ihnen regelmäßig emotional und körperlich auf hundertachtzig bringen. Ich neckte ihn ein bißchen damit, daß er das amerikanische Pendant zu dem legendären japanischen Offizier sei, der drei Jahrzehnte nach Hiroschima auf verlassenen Inseln gefunden wurde und immer noch auf die nächste Schlacht wartete. Als ich ihn fragte, ob seine Aufregung die ganzen Probleme und Medikamente wert sei, erwiderte er:

»Eigentlich nicht, aber ich bin dagegen machtlos.«

Leider hat er sich diese Reaktion so sehr angewöhnt, daß ihn fast nur ein Wunder davon befreien kann.

Wir müssen also nicht nur entscheiden, wer bei uns die Alarmglocken läuten darf, sondern auch was. Wenn Sie vor einer Situation stehen, die Ihnen die Haare zu Berge stehen läßt, wenn Ihre Muskeln sich anspannen und Ihr Herz wild zu klopfen beginnt, sollten Sie sich fragen, ob die Situation die Energie und die Gefühle, die Sie vergeuden, wert ist. Ist diese Situation wichtig genug, um sich darüber aufzuregen? Ist es eine lebensbedrohliche Angelegenheit? Hat sie negative Folgen für die Menschheit? Werden Sie sich nächstes Jahr oder auch nur nächste Woche noch daran erinnern, worum es bei der ganzen Sache überhaupt ging?

Ich kann am besten schreiben, wenn ich unter Druck stehe. Aber wenn der Abgabetermin immer näher rückt, werde ich schrecklich nervös, sobald der Computer nicht richtig funktioniert, ich eine Fußnote nicht finden kann, oder wenn das Telefon zu oft klingelt. Ich muß mir dann vor Augen halten, daß ich den ganzen Streß vergesse, sobald die Arbeit rechtzeitig abgegeben ist, daß aber meine Kinder das Schnauben nicht vergessen werden, das sie mit anhören mußten – und je aufgeregter ich schimpfe, umso genauer werden sie sich daran erinnern.

Für solche Zeiten haben wir zu Hause eine »Auszeit« eingeführt: Jeder, der von einer leblosen Sache deutlich genervt ist, muß aufstehen und sich zehn oder fünfzehn Minuten lang mit etwas anderem beschäftigen oder solange, bis der Sturm vorbei ist.

Beziehungsstörungen, Probleme zwischen Menschen stehen auf einem anderen Blatt – sie werden auf der Stelle geklärt, wenn dies möglich ist. Wir versuchen, uns an die Grundregel zu halten, daß keine »Sache« – ob ein Auto, das nicht mehr läuft, ein launenhaftes Gerät, eine unerwartet auftretende Reparaturarbeit im Haus, ein Termin, der überfällig ist (wie beispielsweise dieses Buch) oder ein Tier, das unseren Teppich verdreckt – es wert ist, sich deshalb verrückt zu machen, sich davon die Energie rauben zu lassen und sich dabei womöglich das Leben, das Gott uns geschenkt hat, zu verkürzen. Sehr oft gelingt uns das auch.

Streßabbau

Wir sollten aber nicht nur unsere Einstellungen neu überdenken, sondern auch Streß abbauen.

Psychische Möglichkeiten zum Streßabbau. Wir müssen uns einige »Auszeiten« (für Nichtsportler: die der Mannschaft zustehende Erholungspause) und Sicherheitszonen ins Leben einbauen. Ich habe mir beispielsweise im Verlauf von zehn Jahren in Hunderten von viertelstündigen Lernpausen selbst das Gitarrespielen beigebracht. Das tat ich nicht aus Selbstdisziplin; es machte mir einfach Spaß, so schrecklich es sich anfangs auch anhörte. Sport, Hobbies und andere Abwechslungen können alle diesen Dienst erfüllen und »Alles klar« signalisieren, besonders dann, wenn man dabei auch lachen kann. Eine Viertelstunde um den Häuserblock oder Mozart kann die Batterien für die übrigen Aufgaben des Tages wieder aufladen.

Andererseits kann jede Ablenkung auch außer Kontrolle geraten und von sinnvolleren und produktiveren Aufgaben abhalten. Denken Sie nur an den Fernsehsüchtigen, der stundenlang mit viereckigen Augen vor der Glotze sitzt. Oder an den zwanghaften Gammler oder Bummler oder Barsitzer, dessen Suche nach Entspannung und Erholung unproduktiv, wenn nicht sogar destruktiv geworden ist. Hier wird die »Auszeit« aus Druck, Verantwortung und Konzentration zu einer Auszeit aus dem Leben überhaupt. Die Suche nach dem idealen Gleichgewicht zwischen verbissenem Wühlen in Problemen und dem richtigen Abstand dazu ist wohl eine lebenslange Aufgabe.

Körperliche Möglichkeiten zum Streßabbau. Wir müssen uns mit etwas beschäftigen, das die Adrenalinausschüttung und unser Nervensystem beruhigt. Wir haben bereits über aeroben Sport gesprochen, der zusätzlich den Vorteil hat, das Allgemeinbefinden zu verbessern. Eine schweißtreibende sportliche Betätigung ist besonders nach einem langen Arbeitstag eine ausgezeichnete Möglichkeit, Dampf abzulassen und den Ärger des Tages zu vergessen. Passivere Möglichkeiten wären ein warmes Bad oder ein Saunabesuch, bei dem sich viele Muskeln, die sich während des Tages angespannt haben, wieder entspannen können. Noch entspannender wirkt eine gute Massage. (Verheiratete Paare sollten bedenken, daß Massagen oft zu anderen streßabbauenden Aktivitäten führen können.) Schließlich kann ein guter Nachtschlaf die aufwühlendsten Situationen in die richtige Perspektive rücken.

Wie ist es mit Medikamenten, die bei der Entspannung helfen sollen? Das am häufigsten benutzte Beruhigungsmittel ist natürlich Alkohol. Während ein zu starker Alkoholkonsum zu chronischer Müdigkeit führen kann, kann ein gelegentliches Glas Wein zum Abendessen oder ein Bier mit Freunden einen bereits angenehmen Augenblick noch verschönern. Aber in jeder Situation sind die Risiken und die Vorteile gegeneinander abzuwägen. Ist für Sie Alkohol eine schnelle Lösung, um Ihre schlechte Laune zu vertreiben, wenn grundlegendere Probleme anliegen, die angegangen werden müßten? Werden andere (besonders Kinder oder Teenager) aus dem regelmäßigen Alkoholgenuß ihrer Eltern falsche Schlußfolgerungen über die Rolle von Alkohol im Leben ziehen? Sind Sie nach einem Glas nicht mehr in der Lage, sich sinnvoll zu unterhalten? Wollen Sie nach einer »feuchtfröhlichen Runde« noch Auto fahren? Noch wichtiger: Ist ein regelmäßiges Glas Bier oder zwei zu einer täglichen Routine, einer festen Angewohnheit geworden, auf die Sie nicht mehr verzichten wollen oder können? Die letzte Frage ist die wichtigste. Wenn Sie sich psychisch gezwungen fühlen zu trinken, wenn Alkohol für Sie keine freie Entscheidung mehr darstellt, bei der Sie auch nein sagen können, sollten Sie überlegen, ob es nicht besser wäre, ganz darauf zu verzichten.

Wie steht es mit verschreibungspflichtigen Medikamenten zur Entspannung? Die Benzodiazepine (z. B. Valium) zeigen eine sehr starke, unmittelbare, beruhigende Wirkung. Aber die Sache hat einen Haken, wie viele nur allzu gut wissen. Diese Mittel werden sehr leicht zur Gewohnheit, von der man sowohl psychisch als auch körperlich nicht mehr so leicht loskommt. Wenn jemand diese Medikamente wochen- oder monatelang regelmäßig einnimmt, gewöhnt er sich an die emotionale Auszeit, die sie schaffen. Er macht auch starke körperliche Symptome durch (in einigen Fällen auch Schüttelkrämpfe), wenn er diese Medikamente abrupt absetzt. Der Entwöhnungsprozeß ist langwierig und erfordert eine sehr langsame Reduzierung der Mengen über mehrere Tage oder Wochen, die möglicherweise sogar in einem Krankenhaus stattzufinden hat. Mit den körperlichen Symptomen fertigzuwerden, wenn man Narkotika absetzt, ist leichter als jemandem zu helfen, von Benzodiazepinen frei zu werden. Im allgemeinen sollten diese Medikamente nur kurzfristig in einer Krisensituation eingesetzt werden.

Es gibt neuere Mittel, die bei der Behandlung von chronischer Angst eingesetzt werden, unter der viele Menschen leiden, die lange unter Streß stehen. Diese Mittel haben eine wesentlich harmlosere Wirkung, und bislang gibt es noch keine Berichte, daß sie abhängig machen. Ob diese Medikamente in einer bestimmten Situation ratsam sind, sollten Sie mit Ihrem Arzt oder Psychiater besprechen. Im Idealfall sollten Medikamente nur für eine begrenzte Zeit eingenommen werden, in der die größeren Probleme und Fragen des Lebens mit einem Therapeuten oder Seelsorger geklärt werden können. Es ist nämlich wirklich schwer, Probleme zu lösen, wenn man immer das Gefühl hat, jeden Augenblick aus der Haut zu fahren.

Ich wäre jedoch nicht ehrlich, wenn ich verschweigen würde, daß einige Menschen körperlich anscheinend nicht in der Lage sind, ohne Beruhigungsmittel zu leben. Aus welchen Gründen auch immer (Veranlagung, Erziehung, Gewohnheiten oder mehrere dieser Faktoren) gleicht ihr zentrales Nervensystem einem Motor mit einem zu hoch eingestellten Leerlauf, und keine noch so gute Therapie oder Einsicht kann ihnen helfen. Diese Menschen suchen solange, bis sie finden, was sie brauchen, um ruhiger zu werden, und ein verschreibungspflichtiges Medikament ist eindeutig sicherer als Alkohol oder illegale Drogen.

Wie steht es mit Meditation? Seit zwei Jahrzehnten werden verschiedene Techniken, die auf hinduistischer oder taoistischer Mystik basieren, den materialistischen Europäern und Amerikanern als Mittel zur Streßbewältigung nahegelegt. Sie unterscheiden sich zwar in den Einzelheiten, aber fast alle behaupten von sich, den Kopf von Problemen und Ärger zu reinigen, Bewußtseinszustände zu erhöhen und Lebensmöglichkeiten zu erweitern, indem man u.a. eine Meditationssilbe ständig wiederholt, eine bildhafte Darstellung ständig betrachtet, nach einem ganz bestimmten Schema atmet oder sich bewegt. Angeblich reagieren Menschen, die solcherart regelmäßig meditieren, kontrollierter auf Streß, haben einen niedrigeren Blutdruck, eine größere Kreativität, mehr Energie und so weiter. Ehrgeizige Programme behaupten sogar, ihre Anhänger zu befähigen, auf glühenden Kohlen zu gehen, alle normalerweise unbewußt ablaufenden Körperfunktionen zu beherrschen und sogar durch die Luft zu schweben. Mit Hilfe magischer, zum Teil auch orgiastischer Rituale sucht man Erlösung.

Nachdem Anhänger solcher Strömungen vor mehreren Jahren anfingen, ihre Sache weltweit zu verbreiten, argumentierte der Harvard-Psychologe Herbert Benson, daß jeder mögliche Nutzen aus der Meditation nichts mit mystischen Verhaltensmustern zu tun habe, sondern einfach daraus resultiere, daß man mehrere Minuten lang still sitze und langsam atme.

Ich stimme mit Dr. Benson überein – bis auf einen Punkt. Die Disziplin, zwanzig oder dreißig Minuten am Tag stillzusitzen, hat zweifellos ihre Vorteile, aber die endlose Wiederholung eines Wortes oder Satzes ist ein armseliger Ersatz für die biblische Vorstellung von Meditation: Bewußt über die Worte und Taten des Gottes, der uns geschaffen hat, nachzusinnen. Ich möchte Ihnen gern eine bessere Methode vorstellen.

Geistliche Möglichkeiten zum Streßabbau:

Zu oft besteht eine »Stille Zeit« aus einem Blitzangriff auf einige Kapitel der Bibel im Schnelldurchlauf, damit man unbedingt mit der »Jahresbibel« Schritt hält. Diesem folgt meistens eine ermüdende Einkaufsliste von Gebetsanliegen. (Sie dürfen mir glauben, daß ich aus eigener Erfahrung spreche.) Daran ist nichts Falsches, aber es wird Ihnen nicht unbedingt helfen, Ihren Geist zu beruhigen bzw. auszurichten.

Setzen Sie sich einige Minuten in ein bequemes Zimmer, stecken Sie das Telefon aus und schalten Sie das Fernsehgerät ab oder suchen Sie sich irgendwo draußen einen ruhigen Platz mit einer schönen Aussicht. Atmen Sie einige Male tief und langsam ein und lockern Sie Ihre angespannten Muskeln. Suchen Sie sich einen oder zwei Ihrer Lieblingsverse und denken Sie darüber nach – sonst nichts. Was sagt dieser Vers über Gott? Was versucht Gott, mir zu sagen? Wofür kann ich dankbar sein? Und so weiter. Lassen Sie Gott Ihre Gedanken dorthin leiten, wo er Sie haben will. Später, nach dieser Zeit, können Sie den Vers oder die umfassende Bibelstelle in einem Kommentar zur Bibel nachlesen, wenn Sie wollen. Aber für den Augenblick lassen Sie einfach dem Gespräch zwischen Ihnen und Ihrem Schöpfer freien Lauf.

Dies ist nur eine Möglichkeit, wie sich eine geistliche Erfrischung auf Streß und Müdigkeit auswirken kann. Eine Zeit der Anbetung mit anderen lenkt die Gedanken, die den Geist erneuern, tief in die Gefühle und beeinflußt alle späteren Reaktionen. Gebet richtet unsere begrenzte Sicht wieder neu auf Gottes ewige, unbegrenzte Sicht. Wenn wir einem anderen, der Hilfe braucht, praktisch helfen, lenkt das unsere Aufmerksamkeit weg von unseren Wehwehchen und Problemen. Eine kleine Gruppe (eine Bibelgruppe oder ein Hauskreis), in der man in einer genau festgelegten Sicherheitszone die anderen akzeptiert, ihnen hilft, sie ermutigt und miteinander lacht, kann als wöchentliche Oase dienen.

Das sind alles gute und lohnenswerte Vorschläge, aber es ist leichter, sie als solche anzuerkennen, als sie im eigenen Leben anzuwenden. Wahrscheinlich müssen Sie einiges aktiv unternehmen, um sich Raum für diese Oasen zu schaffen.

Gibt es Fehlstarts und Fehlzündungen? Natürlich. Aber ist das in unserer Welt etwas Neues? Wie alles andere auch, das Müdigkeit bekämpft, entwickelt sich auch der Nutzen dieser geistlichen Möglichkeiten zum Streßabbau eher langsam als revolutionär.

12. Kleine Energielecks

Räuber: Tägliche Verschlechterungen

Spender: Kurskorrekturen

Wir haben bereits erwähnt, daß chronische geistige und psychische Müdigkeit häufig eine wichtige Komponente des gesamten Müdigkeitsbildes ist. Normalerweise wird diese Müdigkeit von täglichen Ereignissen ausgelöst, die anscheinend nicht von größerer Bedeutung sind. Wenn jedoch mehrere davon gleichzeitig am Werk sind, können sie uns spürbar ermüden. Setzen Sie sich einmal in Ruhe mit folgenden zehn häufigen kleinen Energielecks auseinander, die uns langsam aber sicher unsere Energie rauben können.

a) Kleine Energielecks

1. Überengagement – zu viele Eisen im Feuer

(Ich schreibe diesen Abschnitt in erster Linie als Erinnerung an mich selbst.) In den letzten zehn Jahren haben meine Frau Teri und ich oft versucht, einen Termin zu finden, an dem wir einen Abend zu zweit oder mit guten Freunden verbringen konnten. Aber bei einem Blick in unsere Terminkalender und auf unsere Verpflichtungen stellten wir fest, daß wir in den nächsten Wochen keinen Abend frei hatten. Bei anderen Gelegenheiten haben wir zwei oder sogar drei Termine, die räumlich weit auseinander liegen, auf denselben Tag gelegt. Wenn ein solcher Tag dann tatsächlich kommt und die kleinen Kritzel im Terminkalender uns quer durch das ganze Land hetzen, blicken wir uns jedes Mal an und stöhnen:

»Wer hat denn diese Termine so gelegt?« Die Antwort ist immer die gleiche: Wir!

Wie viele unserer Freunde haben wir eine Reihe von Eisen in verschiedenen Feuern:

Wir haben tägliche und wichtige Verpflichtungen einander und unseren Kindern gegenüber und zu Hause. Vor Jahren haben wir beschlossen, die Zeit mit unseren Kindern zu einer Priorität zu machen. Daran halten wir uns normalerweise auch.

Darüber hinaus arbeitet Teri mit Schwangerenberatungsstellen in ganz Südkalifornien zusammen und ist sehr viel unterwegs, um über die Folgen von Schwangerschaftsabbrüchen zu sprechen.

Ich habe eine gut laufende Arztpraxis, die allein meine ganze Zeit in Anspruch nehmen könnte, sowie eine Reihe von Verpflichtungen in einem Krankenhaus in unserer Stadt. Ich arbeite im Leitungsgremium einer größeren Lebensrechtsorganisation in unserem Bundesstaat mit, leite Seminare in Zusammenarbeit mit einem Rotary Club, in dem ich Mitglied bin.

Wir beide bereiten die Musik für zwei Gemeinden vor. Wir schreiben beide Bücher. Wir müssen beide viel lesen, um in unserem jeweiligen Fachgebiet auf dem Laufenden zu bleiben, und versuchen beide, unseren eigenen Rat, Sport zu treiben, zu befolgen. Außerdem brauchen wir beide eine ungestörte Zeit, um in der Bibel zu lesen, zu beten und über ein Schriftwort nachzusinnen. Diese Zeit kommt oft genug zu kurz. Und die Kinder haben auch ihre Termine, die Zeit kosten und Fahrdienste erfordern. Manchmal wollen wir nachts auch noch schlafen.

Bevor jedoch jemand nach dieser Liste zu der falschen Schlußfolgerung gelangt, daß wir hoffnungslose Workaholiker sind, möchte ich noch hinzufügen, daß wir noch genügend hedonistische Züge in uns haben, um das Telefon auszustecken und einen Videofilm, ein Gesellschaftsspiel oder einen Ausflug mit den Kindern zu genießen, so oft dies möglich ist.

Das sind alles gute und befriedigende »Projekte« und Aufgaben. Aber sehr oft haben wir das Gefühl, daß uns die Kontrolle darüber aus den Händen gleitet, weil sich unsere Pläne und Versprechen, die wir anderen machen, überschneiden und miteinander kollidieren. Dann wird das Leben zu einer Reihe von Buschfeuern, bei denen dem heißesten und nächsten die meiste Aufmerksamkeit gewidmet wird. Ich habe mich schon öfter als einmal bei mir selber darüber beklagt, daß ich bei mehreren Projekten nur halbe Arbeit leiste, statt bei einigen wenigen meine ganze Energie einzusetzen.

Ich erwähnte schon, aus welchen Gründen man oft gleichzeitig mehrere Eisen im Feuer hat:

Wir wollen andere nicht enttäuschen.

Wir fühlen uns vielleicht geschmeichelt, wenn uns jemand für ein Projekt, das uns wichtig erscheint, gewinnen will oder benötigt. Ein bißchen Stolz spielt vielleicht auch im Hintergrund mit.

Wir fallen vielleicht auf den irrigen Gedanken herein: »Außer mir kann niemand dieses Problem lösen«, besonders wenn es sich um einen Notfall handelt.

Wir versprechen etwas oder schreiben einen verhängnisvollen Termin in unseren Kalender, ohne ehrlich abzuschätzen, wieviel Zeit und Kraft es uns kostet, dieser Verpflichtung nachzukommen.

Behandlung. Der richtige Umgang mit einem überfüllten Terminkalender ist normalerweise ein lebenslanger Kampf. Wenn jemand Sie um etwas bittet, sollten Sie den alles entscheidenden Satz sagen: »Ich komme wieder auf Sie zurück«, und sich zuerst einige ernste Fragen stellen.

Was hängt wirklich mit diesem Projekt zusammen?

Warum ist es wichtig?

Werden die grundlegenden Prioritäten (Beziehung zu Gott und der Familie) davon in Mitleidenschaft gezogen?

Wenn Sie verheiratet sind, sollten Sie genau darüber nachdenken, ob Sie schon wieder einen Tag im Kalender verplanen sollten, ohne das vorher mit Ihrem Partner abzusprechen. Koordinieren Sie jede Woche oder sogar täglich Ihre Termine. (»Du hast was für uns eingeplant? Ich habe woanders für uns beide zugesagt!«)

Am wichtigsten ist, daß Sie den Mut haben, nein zu sagen, wenn es nötig ist. Machen Sie sich bewußt, daß Sie einfach nicht alle wunderbaren Dinge, die Sie gern täten, tun können – selbst wenn Sie zehn Leben zur Verfügung hätten. Die eigenen Möglichkeiten zu erkennen und entsprechend Grenzen zu ziehen, ist ein Akt der Demut, nicht der Faulheit.

2. Unterforderung – zu wenige sinnvolle Betätigungen

Im Gegensatz zu den Überengagierten kümmern sich einige Menschen nur um die grundlegendsten Bedürfnisse in ihrem Leben. Sie sind normalerweise müde, weil ihnen die energiespendenden Ziele und Pläne fehlen, die sie über ihre eigenen vier Wände hinausbringen würden. Ich sehe das besonders bei Menschen, die sich nach ihrer Pensionierung auf's Abstellgleis gestellt fühlen und wenige andere Interessen haben als ihre ständig wachsende Liste von Krankheiten und Beschwerden. Diese Menschen stellen eine große, nicht genügend genutzte Kapazität in unserer Gesellschaft dar.

Behandlung. Beten Sie und bitten Sie Gott, Ihnen zu zeigen, was Sie neben den täglichen Routinearbeiten noch tun können. Informieren Sie sich über Projekte in Ihrer Gemeinde, in einem Krankenhaus oder Pflegeheim, in der Nachbarschaft oder sogar im Ausland. Welche Ihrer Fähigkeiten könnten einem anderen dienen?

Können Sie einem Behinderten etwas beibringen, das Sie beherrschen und er nicht (selbst wenn es so etwas Einfaches wie Lesen ist)? Sie können damit sein Leben verändern.

Gibt es in Ihrer Stadt ein Pflegeheim? Viele Menschen, die dort angebunden sind, wären überglücklich, wenn jemand sie regelmäßig besuchen würde.

Gibt es in Ihrer Gemeinde eine Schwangerenhilfsstelle? Diese Einrichtungen, die Frauen in einer verzweifelten Lage mit Rat und praktischer Tat helfen wollen, suchen immer Freiwillige für die verschiedensten Projekte.

Gibt es in Ihrer Nähe ein Gefängnis? Eine Gefangenenbetreuungsgruppe würde sich bestimmt über Ihre Hilfe freuen.

Sind vielleicht in dem Haus, in dem Sie wohnen, oder in der unmittelbaren Nachbarschaft Einsame, Kranke, Trauernde?

Sollten Sie nicht gelegentlich Briefe schreiben – an Freunde, Angehörige, Missionare oder vielleicht auch an Redaktionen, wenn Sie etwas zu loben oder zu kritisieren haben?

Sie haben nicht den Auftrag, die ganze Welt zu verbessern. Aber wenn Sie helfen können, die Welt für einen oder zwei Menschen zu verbessern, fühlen Sie sich wahrscheinlich selbst auch besser.

3. Ramsch – angesammelter Ballast

Irgendwo tief in der menschlichen Psyche eingegraben ist gleich neben dem Grundbedürfnis, Dinge zu erwerben, ebenso stark das Widerstreben, es wieder loszulassen. Leider wirkt sich unsere allmähliche Anhäufung von Besitz aller Art wie die Überwucherung unserer Wohnungen und Häuser mit Unkraut aus, das uns zu ersticken droht, wenn wir es nicht regelmäßig jäten. Ein Haus oder eine Wohnung, die bis auf den letzten Quadratzentimeter mit »Schätzen« und Müll vollgestopft ist, ist ein wichtiger Energieräuber. Jeden, der sonntagnachmittags gern durch neue Modellfertighäuser wandert, packt meistens ein Neid auf die schöne Inneneinrichtung. Jedoch besteht ein großer Teil dieser Attraktivität darin, daß jeglicher Ramsch fehlt, was dort nicht schwer fällt, da kein Mensch in diesen Häusern wohnt. Ähnlich sendet ein vollgestopfter Schreibtisch die Meldung aus, daß uns die Kontrolle aus den Händen geglitten ist.

Behandlung. Genauso wie man nicht alles tun kann, kann man auch nicht alles behalten. (Erkennen Sie das Schema, das sich durch das ganze Buch zieht?) Den Ramsch zu beseitigen, kann eine energiespendende Erfahrung bedeuten. Wenn man sich einmal dazu durchgerungen hat, vermißt man den Ballast, von dem man sich nur sehr schwer trennen konnte, nicht einmal. Greifen Sie immer nur ein Zimmer oder einen Schrank auf einmal an, um sich nicht zu überfordern, und heben Sie sich die Garage und den Keller für den Schluß auf! Stellen Sie eine flotte, unsentimentale Musik an – für diese Arbeit ist manchmal Rücksichtslosigkeit nötig.

Wenn Sie an Ihren Kleiderschrank gehen, sollten Sie alle Kleider, die Sie zwei Jahre oder länger nicht mehr getragen haben, aussortieren. Die Caritas oder Missionswerke finden ein schönes Zuhause für Ihre gebrauchten Sachen.

Haben Sie diese Zeitschriften vom letzten Jahr noch einmal gelesen? Sie werden sie dieses Jahr auch nicht lesen.

Wie ist es mit diesen Farbdosen, in denen überall nur noch ein paar Tropfen sind? Werfen Sie sie weg! Tapetenrollen? Weg! Müssen Sie jedes Kunstwerk aufheben, das Fritzchen aus dem Kindergarten mit nach Hause bringt? Nur, wenn Sie darunter lebend begraben werden wollen, bis er ins Gymnasium kommt. Natürlich wollen Sie Erinnerungen an seine Kindergartenzeit. Aber suchen Sie sich doch einfach die besten heraus, bewahren Sie sie sorgfältig auf und werfen Sie den Rest in die Mülltonne.

Wie ist es mit der Schublade voll Videobändern von Fernsehshows, die Sie aufgenommen haben, um sie sich später anzuschauen? Diese ständig wachsende Videothek von Sendungen ist oft nichts anderes als eine Form von Ramsch. Wahrscheinlich können Sie die meisten davon sowieso für zwei Mark im Videoverleih um die Ecke ausleihen.

Eine schwierigere Frage: Wie steht es um diese vielen Bücher? Wir werfen Bücher nur sehr widerwillig weg, denn irgend jemand könnte irgendwann eines davon brauchen, nicht wahr? Aber eine zweibändige Geschichte über Nepal? Dieses Mathematikbuch aus der Oberstufe? Die gesammelten Reader's Digest-Ausgaben von

1967? Das Reparaturhandbuch für das Auto, das Sie vor fünf Jahren verkauft haben? Wir lieben Bücher – aber wir müssen nicht alle für immer griffbereit aufbewahren.

Eine andere harte Nuß ist das Kinderzimmer. Die meisten Kinder haben eine phänomenale Toleranz für Ramsch. Bis zu einem erträglichen Grad, wenn das, was sie unbedingt aufbewahren wollen, sich auf ihre eigenen vier Wände beschränkt, kann eine gewisse Nachlässigkeit allen in der Familie viel Energie sparen. Nur wenige Kinder sterben an einem schlampigen Zimmer. Jedoch kann sanfte Überredungskunst nötig sein, um ihnen wenigstens ein bißchen Zivilisation beizubringen. Drastischere Maßnahmen wie einer kurzzeitigen Konfiszierung können nötig sein, wenn sie ihre Sachen im ganzen Haus verstreuen. Wenn man Puppe oder Teddy für einige Tage als Geisel nimmt, kann dies helfen, den Besitzern klarzumachen, wie wichtig es ist, daß jeder seine Sachen auch wieder aufräumt. Aber wahrscheinlich müssen Sie einen Erpresserbrief mit einer Lösegeldforderung schreiben, um sie überhaupt darauf aufmerksam zu machen, daß etwas fehlt.

Wenn Sie einmal eine gewisse Ordnung wiederhergestellt haben, werden Sie merken, wie gut man sich dabei fühlt.

4. Schulden – ständige Verführungen

In Schulden zu geraten ist genauso leicht wie zuzunehmen, und sie wieder loszuwerden ist genauso schwer wie abzunehmen. Ich bin davon überzeugt, daß der Drang zu kaufen eines der Grundbedürfnisse der Menschheit darstellt, gleich neben dem Selbsterhaltungs-, dem Ernährungs- und dem Sexualtrieb. Wir müssen regelmäßig etwas kaufen, um zu überleben, aber ein guter Kauf macht uns auch froh. Unsere heutige Gesellschaft ist mit hunderterlei Dingen vollgefrachtet, die nicht nur die Grundbedürfnisse (Essen, Kleidung und Wohnung) befriedigen, sondern auch Ansehen, alle möglichen Erlebnisse und Anregungen mit sich bringen. Und wenn Sie nicht in einer Einsiedlerhöhle wohnen, prasseln Hunderte dieser wunderbaren Verführungen tagtäglich auf Sie ein.

In der guten alten Zeit hörten die meisten auf, sich etwas zu kaufen, wenn sie kein Geld mehr hatten. Leider stehen uns heute viele Möglichkeiten zur Verfügung, diese kleine Unannehmlichkeit zu umgehen. Am schlimmsten sind diese kleinen Kunststoffkarten, die uns aus irgendeinem idiotischen Grund dazu verleiten, so zu tun, als hätten wir Geld auf der Bank. Warum sollte man etwas nicht auf der Stelle genießen, sondern warten, bis man das Geld hat, um es zu bezahlen?

So kommt es dann auch, daß man nach wenigen Jahren sehr vielen sehr viel schuldet. Diejenigen, denen wir etwas schulden, hätten auch gern ihr Geld und kümmern sich wenig um unseren Kampf, Rechnungsziele zu verlängern, feindselige Telefonanrufe abzuwimmeln, mit dem Wechsel auf die Bank zu rasen und alle fälligen Rechnungen zu decken, mit unserem Ehepartner (wenn wir einen haben) darüber zu streiten, wie wenig Geld wir haben und warum. Unsere Gläubiger wollen einfach nur ihr Geld sehen. So geht viel Energie und Zeit für etwas verloren, das keineswegs mehr Freude bereitet.

Behandlung. Um Schulden loszuwerden, muß man ungefähr genauso vorgehen, wie wenn man überschüssiges Gewicht loswerden will. Wir müssen uns einigen grundlegenden Tatsachen stellen.

Erstens müssen wir verstehen, daß alles Gott gehört. Unser weltlicher Besitz ist nicht unser Eigentum, wir verwalten ihn nur.

Zweitens ist das Kaufangebot immer größer, als daß wir es je ausschöpfen könnten. Wir müssen also irgendwo aufhören.

Drittens müssen wir unsere eigenen Einkommensverhältnisse und nötigen Ausgaben verstehen lernen. Einige befassen sich nicht gern mit den unangenehmen Einzelheiten, wieviel wir wirklich ausgeben und wie unsere finanzielle Situation tatsächlich aussieht. Das Leugnen ist beim Geldausgeben eine genauso starke Macht wie beim Essen.

Wir müssen uns eine Methode aussuchen, sei es ein Buch oder ein Schuldenberater, einen Plan entwerfen und uns dann daran halten. Das Problem wird nicht über Nacht verschwinden, und niemand lebt gern wie ein tibetanischer Mönch. Mehrere Finanzberater schlagen vor, die kleinste Geldschuld als erste anzugreifen und zurückzuzahlen und bei den anderen die niedrigsten Raten zurückzuzahlen, die möglich sind. Jedes Konto, das auf Null gebracht wurde, ist ein Grund zum Feiern. Außerdem kann es helfen, nicht vom eingeschlagenen Kurs abzukommen und Versuchungen zu erliegen, wenn man einem anderen gegenüber Rechenschaft ablegt. Wieder kann der Wunsch, das Gesicht zu wahren, helfen, das zu bewerkstelligen, was man mit Willenskraft allein nicht schafft.

Diese kurzen Bemerkungen sind nur einige Gedankenanregungen und eine Einführung zu den vielen Büchern, die es über den Umgang mit Geld gibt.

Doch Schulden sind nicht die einzige Barriere, die wir zu beachten hätten. Wie leben wir etwa unseren Kindern vor, daß der Umgang mit Geld eine Kunst ist, die erlernt werden will? Daß üppiger eigener Besitz dann zur Last werden kann, wenn Angehörige oder Nachbarn unter Mangel leiden? Oder der Hilferuf aus einem Hungerland unerhört bleiben muß, weil wir uns höchst überflüssige Dinge leisten?

Sich hier vor Gott verantwortlich fühlen, macht dankbar für alles Gute, das wir uns kaufen können, und fröhlich bei allem, was wir – ebenso dankbar – geben.

Arbeitssucht ist eine besondere Form des Überengagements – in einem einzigen Bereich. Ich habe einige Patienten, die unter Müdigkeit leiden, nach ihren Arbeitsgewohnheiten gefragt und war bald genauso müde wie sie, als ich ihnen nur zuhörte. Ein mittlerer Manager in einem High-Tech-Konzern erzählte mir, daß sein Chef auf einer Siebentagewoche bei seinen Mitarbeitern bestehe (die er sich selbst allerdings nicht auferlegt), bis ein größeres Projekt zu Ende geführt ist. Dieser hochqualifizierte Ingenieur, der alles analysieren konnte, hatte keine Ahnung, warum er so müde war, und war über meine ziemlich einfache Antwort verblüfft: Ein Rezept für einen freien Tag in der Woche.

Ehrgeizige Konzernmanager sind aber nicht die schlimmsten Übertreter des vierten Gebotes. Selbständige, besonders diejenigen, die ein kleines Geschäft haben, stehen in diesem Bereich in größerer Gefahr. Sie fühlen sich häufig nicht sicher genug, um auch nur einen Tag lang ihre Arbeit zu vergessen, und schleppen sie nach Feierabend in ihrem Kopf mit nach Hause und ziehen widerwillige Familienangehörige ebenfalls mit in ihren Bann. Die zweitgrößte Risikogruppe auf der Liste der Workaholiker sind Ärzte, Psychiater, Sozialarbeiter und Pastoren. Da die menschliche Not überall praktisch endlos groß ist, kann jeder, der hauptberuflich für menschliche Bedürfnisse und Nöte zuständig ist, leicht vor Erschöpfung zusammenbrechen, wenn er immer »in Bereitschaft« ist.

Behandlung. Selbstverständlich sind Sorgfalt, Arbeitseifer, Verantwortungsgefühl und gute Arbeitsleistungen sowohl in großen Firmen als auch in kleinen Betrieben edle Ziele; Familienunternehmen können für alle Beteiligten eine sehr sinnvolle Betätigung sein; und denen zu helfen, die in Not sind, ist eine hohe Berufung. Aber es gibt immer viel mehr Arbeit, als wir bewältigen können; es gibt immer mehr Not, als wir je stillen können. Deshalb müssen wir entscheiden, wie weit wir gehen, was wir tun und was wir nicht tun. Diese Grenze kann räumlich verlaufen (beispielsweise zu Hause, wenn wir unser Büro nicht zu Hause haben) oder zeitlich, was noch wichtiger ist. Es ist äußerst wichtig, wenigstens einen Tag in der Woche (meistens den Sonntag) frei zu haben, an dem man dann auch wirklich nicht arbeitet. Als Jesus erklärte, daß der Sabbat für den Menschen da sei und nicht der Mensch für den Sabbat, meinte er die harte Gesetzlichkeit, die die Frommen damals hinderte, die Sabbatruhe und -freude zu genießen, so daß Jesu Krankenheilungen am Sabbat als Sabbatschändung verurteilt wurde (Markus 2,23ff; 3,1ff).[15] Gott hat um des Überlebens und des Wohles der Menschen willen, die er liebt, das Gebot gegeben, einen Tag in jeder Woche nicht zu arbeiten – einen bestimmten Tag, an dem sich sein Volk zu ihm hin versammelte.

Wenn ich Bereitschaftsdienst habe, habe ich bereit zu sein – es bleibt mir keine andere Wahl. Aber wenn ich den Stab an den nächsten in der Runde weitergebe, will ich wirklich nichts mehr über Krankheiten anderer Leute hören, bis ich wieder im Dienst bin.[16] Ruft ein Bekannter, der meine Privatnummer hat, wegen körperlicher Beschwerden an, verweist ihn Teri freundlich, aber bestimmt an meinen Kollegen, der gerade Dienst hat. Denn sonst, wenn ich mir das Problem angehört habe, fühle ich mich verpflichtet, mich der Sache anzunehmen. Wenn mich jemand in der Gemeinde mit einer Frage über diese oder jene Schmerzen beiseite nimmt, bitte ich ihn, sich einen Termin in meiner Praxis geben zu lassen. Würde ich das nicht tun, könnte ich mich nicht mehr auf den Gottesdienst konzentrieren, und er bekäme eine ungenaue und unvollständige Antwort. Ein Kollege von mir hat eine andere Methode entwickelt: Wenn ihn jemand bei einer Party oder in einem Geschäft oder in der Kirche wegen irgendwelcher Symptome befragt, erwidert er: »Gut, ziehen Sie sich gleich einmal aus, damit ich Sie untersuchen kann!« Bislang ist dieser Aufforderung noch niemand nachgekommen.

Doch bei akuter Not wird er – werde ich mich nicht entziehen.

Ich bin immer wieder dankbar, daß ich in einem Ärzteteam arbeite, in dem ich zu bestimmten Zeiten die Sorgen von Patienten anderen überlassen kann. Ebenso frage ich mich immer, wie Ärzte, die auf sich allein gestellt sind, besonders in ländlichen Gebieten, nicht den Verstand verlieren, wenn sie praktisch ständig in Rufbereitschaft leben.

Der freie Tag ist übrigens auch nicht die richtige Zeit, um die Garage sauberzumachen. Es sollte eine Zeit sein, in der man sich erholt, nachdenkt, neue Kräfte sammelt, den Gottesdienst besucht und die Zeit mit Menschen verbringt, die uns wichtig sind. Manchmal ist es dafür nötig, in einen Park, ins Schwimmbad, den Zoo, ins Kino, Museum oder anderswohin zu flüchten, um einen Abstand zwischen uns und den lodernden Buschfeuern herzustellen. Wer mit der Vorstellung, sich einen Tag frei zu nehmen, um seine Batterien aufzuladen, Schwierigkeiten hat, der sollte das letzte Kapitel von Richard Fosters Buch »Nachfolge feiern – Geistliche Übungen neu entdeckt« lesen. In diesem Buch vermittelt Foster überhaupt lesens- und nachahmenswerte Ideen für gesundes geistliches Leben.

6. Unbefriedigende Arbeit – warum arbeiten wir eigentlich?

Jedes Mal, wenn eine Zeitung von jemandem berichtet, der durch einen Lotteriegewinn zum Millionär wurde, fasziniert mich immer wieder die Selbstverständlichkeit, mit der der frischgebackene Millionär als erstes seine Arbeitsstelle kündigt. Ich habe einige Semesterferien lang in einer Hypothekenbank gearbeitet und war jedes Mal wieder von der düsteren Stimmung betroffen, die jeden Montagvormittag über dem Büro hing, und die sich erst allmählich besserte, als das Wochenende näherrückte.

Anscheinend brauchen wir alle eine lohnende Beschäftigung. Aber wenn die Arbeit keine größere Befriedigung bringt als die monatliche Gehaltsüberweisung, verbringt man fünf oder sechs von den sieben Tagen der Woche mit dem Kampf gegen Müdigkeit. Der Gedanke an den Lotteriegewinner sollte in uns allen eine wichtige Frage auslösen. Wenn wir aus einer anderen Quelle ein genügend großes Einkommen bezögen, würden wir dann unsere Arbeitsstelle aufgeben?

Behandlung. Wir müssen uns von Zeit zu Zeit überlegen, wozu wir arbeiten. Wer profitiert von dem, was wir tun? Wenn die Antwort lautet: »Eigentlich niemand«, und wenn wir nach einer sorgfältigen Prüfung zu dem Schluß kommen, daß unsere Arbeit mit den Worten von König Salomo ausgedrückt, nur »eitel und Haschen nach Wind« ist, sollten wir uns einmal kreative Gedanken über andere Möglichkeiten machen, wie wir vierzig oder mehr Stunden in der Woche sinnvoller verbringen können.

Andererseits sind erst einmal ein intensives Gebet und eine weise

Beratung angesagt, bevor man über seinen »miesen Job« Dampf abläßt und lautstark verkündet, daß man damit aufhört und sich wer weiß was sucht. Wenn jemand von einer Arbeitsstelle zur nächsten springt, kann dies symptomatisch für eine tiefere Unzufriedenheit oder eine dauerhaft kritische und undankbare Einstellung sein. Außerdem ist unser Arbeitsplatz vielleicht der Ort, an den Gott uns gestellt hat, damit wir dort Licht und Salz sein sollen. Ich bin sicher, daß der Apostel Paulus die Zeltmacherei nicht als vorrangige Berufung in seinem Leben angesehen hat – aber er schmälerte ihre Bedeutung auch nicht, da diese Arbeit ihm letztendlich eine gewisse Unabhängigkeit sicherte, während er seine größeren Ziele – Lehren und Predigen – verfolgte.

7. Kleinkindererziehung – immer in Bereitschaft

Zu den müdesten Menschen, die mich in meiner Praxis aufsuchen, gehören Eltern von Säuglingen und Kleinkindern. In meinen ersten Berufsjahren stellte ich Frauen, an denen kleine Kinder hingen, die routinemäßige, aber doch sehr naive Frage: »Arbeiten Sie?«

Schließlich fauchte mich eine dieser Mütter einmal an: »Nein. Ich sitze den ganzen Tag nur herum und lutsche Bonbons!« Plötzlich ging mir auf, wie beleidigend diese Frage war. Jeder, der schon einmal länger als fünf Minuten die Verantwortung für kleine Kinder übernommen hat und diese Arbeit ernst nimmt, weiß, daß dies die herausforderndste Aufgabe der Welt ist. Da die Mutter in den meisten Fällen diese Aufgabe übernimmt, wenn die Kinder klein sind, spreche ich im folgenden Abschnitt von ihr. Aber was ich zu sagen habe, gilt auch für den Vater, der zu Hause bleibt und sich der Kindererziehung widmet.

Ich rate Eltern, die ihr erstes Kind bekommen, sich auf einige Entdeckungen gefaßt zu machen, wenn sie ihr kleines Bündel Mensch für die erste Nacht mit nach Hause nehmen. Obwohl unser erster Sohn Chad durch einen Kaiserschnitt geboren wurde (ein Eingriff, der der Mutter zusätzliche Energie raubt), meinten wir, auf unsere erste Nacht mit ihm gut vorbereitet zu sein. Wir hatten uns gut informiert und waren höchst motiviert. Chad war ein Wunschkind. Und wir hatten hilfreiche Großeltern, die uns unterstützten. Obendrein erzählte ich in meiner Praxis jungen Eltern immer wieder, »wie man es macht« – ich wußte es ja!

Aber dann kam es ganz anders: Die ganze erste Nacht in unserem Schlafzimmer waren von Chads Geräuschen erfüllt. Er raschelte in seinem Stubenwagen herum, und bei jedem Geräusch waren wir hellwach und überlegten, ob er ganz aufwachen würde und Hunger hätte. In der nächsten Nacht verlegten wir ihn in das Kinderzimmer, da wir erkannt hatten, daß er uns schon wissen lassen würde, wenn er Hunger hätte. Das funktionierte gut; er ließ uns außerdem noch wissen, wenn er mitten in der Nacht etwas an der Bedienung, dem Windelwechseln, Schaukeln und den Schlafliedern auszusetzen hatte. Er nahm keine Rücksicht darauf, wie ausgelaugt Teri war, wie müde wir beide waren und wie sehr wir uns bemühten. Er weinte einfach mit diesem Weinen eines Neugeborenen, das so verwirrt und unzufrieden klingt und das alle Erwachsene in Bewegung setzt und wahrscheinlich der Menschheit als Überlebensschutz für Kleinkinder einprogrammiert ist.

Während dieser unvergeßlichen ersten Nächte beschlossen wir, uns nicht mehr ausnutzen zu lassen und ihn erst einmal eine Viertelstunde weinen zu lassen, während der wir uns beruhigten und versuchten, einen klaren Kopf zu bekommen, bevor wir einen erneuten Versuch starteten, ihn zum Einschlafen zu bewegen. Uns wurde beiden bewußt, wie schlimm es Menschen in weniger günstigen Situationen ergehen muß – alleinerziehenden Müttern, jungen Paaren mit keinen Ausweichmöglichkeiten oder jedem, der über die gesamte Kindererziehung gemischte Gefühle hegt. Wie leicht kann es dann passieren, daß negative Gefühle, chronische Müdigkeit durch schlaflose Nächte und die endlose Verantwortung eskalieren.

Als Chad ins Kleinkinderalter kam und seine Schwester Carrie auf den Plan trat, hatte ich alle Hände voll damit zu tun, eine Arztpraxis aufzubauen und dort meine Pflicht zu erfüllen, während Teri mit Problemen anderer Art kämpfte. Was soll man tun, wenn die Kinder schon längst aus dem Zimmer sind und man sich dabei ertappt, daß man immer noch die »Sesamstraße« anschaut? Wie oft kann man die Kassette von der »Kleinen Bummelbahn« hören, bis man anfängt, dieses Lied zu singen – wenn niemand in der Nähe ist und einen hören kann? Was bedeutet es, wenn der Höhepunkt eines Tages darin besteht, die Wiederholungen der »Sendung mit der Maus« anzusehen, während die Kinder mittags schlafen? Warum sollte man sich die Mühe machen und die Wohnung aufräumen, wenn innerhalb einer halben Stunde automatisch und unweigerlich wieder das totale Chaos einkehrt? Ist es möglich, sich um die Bedürfnisse von kleinen Kindern zu kümmern, ohne daß sich die Gedanken ständig um die letzte Werbesendung drehen?

Fehlender Schlaf, zu wenige Gespräche mit Erwachsenen und das Gefühl, daß sich nichts vorwärtsbewegt (außer daß man zuschauen kann, wie die Kinder größer werden), zapft auch bei den talentiertesten, motiviertesten und hingebungsvollsten Müttern die letzten Energiereserven an. Hinzu kommt noch (was wahrscheinlich die entscheidende Rolle spielt), daß man für die Arbeit, die man erledigt, keine Anerkennung findet. Das treibt viele Frauen in unnötige Verzweiflung, wenn sie sich ihre kinderlosen Freundinnen vor Augen halten, die sich in einer glänzenden Berufskarriere nach oben arbeiten, und drängt bei ihnen die Frage auf, welche Idioten sie eigentlich sind, wenn sie zu Hause bleiben. Natürlich bestärken die Medien und die feministische Bewegung ständig den Eindruck, daß »frau« keine dümmere Entscheidung treffen könne, als zu Hause zu bleiben und Kinder aufzuziehen.

Behandlung. Es gibt viele Möglichkeiten, die helfen können, diesen wichtigen Energieräuber abzuschalten. Erstens für die Frau oder den Mann, der zu Hause bleibt:

1) Stellen Sie angemessene Erwartungen an diese Zeit, diese überraschend kurze Zeit Ihres Lebens (auch wenn sie ewig lang erscheint, wenn man mitten drin steckt). Das Leben »geht nicht an Ihnen vorbei«. Auf Sie warten noch viele, viele Jahre, in denen Sie Ihre Nische in der Gesellschaft finden und gestalten können, wenn das Ihre Berufung sein sollte.

2) Machen Sie sich immer wieder klar, wie wichtig diese Aufgabe ist, auch wenn sie ansonsten vielleicht von niemand geschätzt wird. Diese Jahre sind sowohl für Sie als auch für Ihr Kind von großer Bedeutung, und es können faszinierende Jahre sein, wenn Sie einen Blick für die täglichen Veränderungen und Wachstumsfortschritte Ihres Kindes bekommen.

3) Wer sagt denn, daß man für mehrere Jahre den Verstand abschalten muß? Welche Bücher wollen Sie außer Grimms Märchen und den Petzi-Büchern noch lesen? Was war Ihr Hauptfach in der Oberstufe oder an der Universität? Niemand sagt, Sie könnten nicht weiterlernen oder Kurse an einer Hochschule oder Volkshochschule belegen, wenn die Kinder ein bißchen größer sind.

4) Pflegen Sie den Kontakt zu anderen Erwachsenen (desselben Geschlechts). Regelmäßig eingeplante Zeiten, in denen man sich mit Erwachsenen unterhalten kann, sind wichtig, und Ihr Ehepartner ist vielleicht überfordert, wenn er alle Ihre Bedürfnisse auf diesem Gebiet befriedigen soll. Solche Kontakte brauchen beson-

ders Alleinerziehende, die ganz auf sich gestellt sind und die ganze Verantwortung allein tragen sollen.

5) Suchen Sie sich die besten Babysitter in Ihrer Gegend und bezahlen Sie sie gut (wenn Sie können), damit Sie regelmäßig einen Freiraum und »Auszeiten« bekommen – nicht für Besorgungen, sondern für kurze Stunden, in denen Sie sich persönlich erfrischen und auftanken können. Sie haben ein Recht darauf, einmal mit Freundinnen Kaffeetrinken zu gehen oder sich die Fingernägel maniküren zu lassen oder einfach allein spazierenzugehen. Außerdem wird Ihnen das gut tun. Vielleicht ist auch eine gegenseitige Babysitterhilfe unter Müttern eine gute Alternative. Wenn Sie mit liebevollen Großeltern, die in Ihrer Nähe wohnen, gesegnet sind, lassen Sie sie ruhig die Kinder einige Stunden (oder über Nacht) verziehen und gönnen Sie sich eine Pause.

Wenn Sie Ihre Kinder allein erziehen, stehen Sie vor einer der größten Herausforderungen überhaupt, da Sie keinen anderen Erwachsenen in greifbarer Nähe haben, der die Last der Kindererziehung mit Ihnen trägt. Alle Prinzipien, die in diesem Kapitel angesprochen werden, gelten Ihnen noch viel mehr, und Sie müssen strenge Maßnahmen ergreifen, um den Verstand nicht zu verlieren und Ihre Ausgeglichenheit zu bewahren. Scheuen Sie sich nicht, Ihre Nöte in Ihrer Gemeinde anderen mitzuteilen. Was am wichtigsten ist: Seien Sie nicht zu stolz, um das anzunehmen, was Ihnen angeboten wird.

Als Ehepartner tragen Sie eine große Verantwortung für das geistige und seelische Wohl Ihrer Frau, die den ganzen Tag zu Hause bei den Kindern ist. Sagen Sie ihr, wie wichtig und begehrenswert sie ist. Sie braucht das Gespräch mit einem Erwachsenen, nicht noch mehr Berieselung durch das Fernsehen. Sie braucht jemand, der sich um die Kinder kümmert, auch wenn sie mit im Zimmer ist. Sie braucht es, daß sie einmal ausgeführt wird oder daß Sie auch ein ganzes Wochenende mit ihr wegfahren, wenn das möglich ist. Sie braucht es, daß man ihr auch ohne besonderen Anlaß Blumen schenkt und Karten schickt. Sie braucht Ermutigung, ihren Geist und ihre Fähigkeiten weiterzuentwickeln; an einem Abend in der Woche auf die Kinder aufzupassen, während sie einen Kurs belegt, wäre ein mutiger Schritt Ihrerseits und gäbe Ihnen auch einen besseren Blick für ihre große tägliche Arbeit. (In den weniger häufigen Fällen, in denen die Mutter ihrem Beruf nachgeht und der Mann zu Hause bleibt, gelten genau die gleichen Prinzipien – vielleicht ohne die Blumen.)

Vor allem müssen die Eltern, die Kinder erziehen, immer wieder auf die Knie gehen, denn niemand hat alle Antworten, Weisheit und Energie, die man für diese Aufgabe benötigt – nur Gott. Vergessen Sie nicht: In dieser Zeit können Sie mehr über Ihre Beziehung zu Gott, den liebenden Vater, lernen als in jeder anderen Zeit Ihres Lebens.

8. Verbale Grabenkämpfe – Konflikte zu Hause

In unseren ersten Ehejahren nahmen wir an einem »Kommunikationsseminar für Ehepaare« teil, das von unserer Gemeinde veranstaltet wurde. Wir fanden zwar anfangs, daß die Themen so grundlegend waren, daß es schon langweilig wurde, erfuhren aber auch, wie leicht die banalste Diskussion Schaden anrichten kann, ob bewußt oder unbewußt. Dadurch bekam ich einen aufmerksameren Blick für Ehepaare oder Familien und dafür, wie sie in meiner Praxis miteinander umgingen und sprachen – wo jeder doch mehr darauf bedacht ist, vorsichtiger zu sein. Es traten viele Meinungsverschiedenheiten und fehlende Achtung voreinander zutage.

Diese ständigen verbalen Grabenkämpfe werden in einigen Familienserien im Fernsehen richtiggehend vorgelebt. Die ständigen gegenseitigen Anklagen und Angriffe, Herabsetzungen des anderen und der Sarkasmus, die Streitereien und in einigen Fällen sogar körperlichen Angriffe schaffen eine ermüdende und vergiftete Atmosphäre. Da diese Verhaltensmuster normalerweise tief verwurzelt sind und automatisch ablaufen, werden sich die einzelnen kriegsführenden Parteien oft nur ihrer ständigen Unzufriedenheit und Müdigkeit bewußt.

Behandlung. Diese Kämpfe gehören zu den schlimmsten Energieräubern und sind auch am schwersten zu bekämpfen, denn im Idealfall müßten zwei oder mehr Menschen erkennen, daß dieses Problem besteht und daß man lernen muß, ohne verbale Keulen miteinander umzugehen, und dies miteinander üben. Jedoch kann auch ein einziger, wenn er stark motiviert ist, den anderen ein nachahmenswertes Beispiel vorleben, ohne durch Moralismen zu demütigen. Ein Therapeut oder Familienberater kann bei diesem Prozeß helfen, aber das kann jedes andere Ehepaar oder jede andere Familie, bei der Sie feststellen, daß sie auf diesem Gebiet gut zurechtkommen, auch. Wenn Ihre Gemeinde Eheseminare anbietet, nehmen Sie unbedingt daran teil. Als Einstieg könnten Sie vorerst folgende Vorschläge beachten.

Genau genommen kann jedes Thema ein Streitpunkt sein, das eine oder mehrere Personen betrifft und über das sie sprechen wollen. Ein Streitpunkt kann so belanglos sein wie eine falsch eingedrückte Zahnpastatube oder aber bis zu den tiefsten zwischenmenschlichen Krisen reichen:

1) Vermeiden Sie Fragen, die mit »Warum« beginnen (»Warum hast du das getan?« – »Warum hast du das gesagt?«). »Warum«-Fragen sind ein verbaler Angriff und fordern immer eine Verteidigung heraus, außer der andere entschließt sich zu der berühmten Antwort: »Weiß ich nicht«, oder der sarkastischen: »Ich war vermutlich ein Idiot.«

2) Wenn Sie eine Beschwerde oder Klage anbringen wollen, sollten Sie Ihre Aussagen mit »Ich« einleiten und nicht mit »Du«, da diese sehr stark nach Anschuldigungen klingen. Beispielsweise fordert »Du hörst mir überhaupt nicht zu« eine scharfe Erwiderung heraus und klingt nicht so gut wie: »Ich komme mir wirklich überflüssig vor, wenn du die Augen auf das Fernsehgerät gerichtet hast, während ich mit dir spreche.«

3) Vermeiden Sie die Wörter immer und nie, wenn Sie über eine Sache diskutieren. »Das sagst du immer!« birgt in sich die Anklage, daß der andere einen gestörten Charakter hat, während: »Ich kann mich an dieses Argument gut erinnern, und ich bin anderer Meinung, weil ...« einen Punkt konkreter anspricht. Außerdem sollten Sie während einer Diskussion über ein aktuelles Thema nicht alte Sachen aufwärmen, außer wenn eine historische Richtigstellung absolut nötig ist. Mit einer Bemerkung wie: »Das ist ganz genauso wie vor fünf Jahren ...« bewegt man sich auf dünnem Eis, da man damit einen neuen Streitpunkt eröffnet. Seien Sie sehr vorsichtig und konkret mit Vergleichen aus der Vergangenheit, wenn diese überhaupt nötig sind, um eine Sache klarzustellen.

4) Die richtige Zeit für eine Auseinandersetzung ist wichtig. Niemand kann eine sinnvolle Diskussion führen, während der Fernseher läuft, der Hund ständig bellt, die Kinder weinen und das Telefon ununterbrochen klingelt. Die letzten Stunden des Tages können in jedem das Schlimmste ans Licht kehren, da Müdigkeit und Reizbarkeit erhöht sind. Manchmal ist es gut, zum Essen oder zu einer Tasse Kaffee in ein Restaurant zu gehen, wenn das Thema wichtig genug ist. Dies sorgt für eine entspanntere und zivilisiertere Atmosphäre.

Diese Strategien können eine Verschlimmerung der Situation vermeiden helfen, aber sie setzen voraus, daß sich die Beteiligten gegenseitig respektieren und eine Verbesserung herbeiführen wollen. In einigen Beziehungen und Familien ist dies nicht der Fall, und der tägliche Kleinkrieg basiert auf echter Feindseligkeit, die oft in tiefem Mißtrauen, Wut und sogar Mißhandlungen verwurzelt ist. Wenn so viel Schaden angerichtet wird, ist viel Zeit, Mühe und Kontrolle (zum Beispiel durch einen Therapeuten) nötig, um Heilung herbeizuführen. Dieser Prozeß wird unter anderem dadurch belohnt, daß man viel Energie zurückgewinnt.

9. *Müll hinein, Müll heraus – der Verstand als Müllschlucker*

Zu einer Zeit, in der die Verbraucher Produktbezeichnungen lesen und alles mögliche anstellen, um Zusätze und Giftstoffe zu reduzieren, weisen wir oft eine beeindruckende Nachlässigkeit auf, wenn es darum geht, auszuwählen, was durch unsere Augen und Ohren in uns eindringt. Wir kennen alle die erschreckenden Statistiken über Kinder, die zigtausend Morde im Fernsehen sehen, noch bevor sie siebzehn Jahre alt sind. Weniger auffällig als diese Statistik, aber genauso schlimm ist es, wie tiefgreifend und unkontrolliert wir unseren Verstand vielen Einflüssen aussetzen.

Die Zeitschriftenständer in den Supermärkten und die Kioske verkünden in großen Lettern den Abschaum menschlichen Verhaltens (ganz zu schweigen von ihren »wunderbaren Geschichten« über Außerirdische, Monster und Stimmen aus dem Jenseits). Fernsehen und Filme, die den Kampf um unsere Zeit mit echten zwischenmenschlichen Kontakten erfolgreich aufgenommen haben, werden in ihrer Themenwahl immer extremer und haben wenig Weisheit oder positives Rollenverhalten zu bieten. In letzter Zeit ist auch die Musik zum Thema verschiedener Kontroversen geworden, und das aus gutem Grund. Betrachtet man sich einmal in einem beliebigen Schallplattengeschäft die Schallplattenhüllen der Rockmusikregale (und besonders der Heavy-Metal-Musik), fühlt man sich wie auf einer Fahrt durch Dantes Inferno – und zwar noch bevor man sich die Musik anhört. Ein immer größer werdender Markt auf dem CD- und Kassettensektor beschäftigt sich in erster Linie mit Tod, Gewalt und Sex.

Pornographie- und Gewaltfilme machen immer noch das große Geschäft, besonders da sie durch den Videoverleih um die Ecke inzwischen in jeden Haushalt gelangen. Sie haben auch schon fast jedes Hotelzimmer erobert. Neben ihrem haarsträubend unreifen

Verständnis von Sexualität und ihrer entwürdigenden Einstellung gegenüber Frauen weisen Filme mit der Kennzeichnung »nur für Erwachsene« die primitivste Qualität auf, der sich Menschen aussetzen können. Episoden extremer Gewalt, zügelloses, abstoßendes Sexualverhalten werden von idiotischen Dialogen unterbrochen. Es wirft ein trauriges Bild auf unsere Gesellschaft, wenn Mörder aus diesen Serien zu Idolen hochstilisiert werden, und so erübrigt es sich zu sagen, daß es ein garantierter Energieräuber ist, wenn man stundenlang Menschen zusieht, die sich sexuell zügellos ausleben oder einander in Stücke hauen. Leider werden durch die Videogewohnheiten von verantwortungslosen Erwachsenen Millionen von Kindern diesen Anblicken und Geräuschen ausgesetzt – die sie bestimmt nicht so schnell wieder vergessen.

Behandlung. Jeder einzelne und jede Familie geht mit den Medien unterschiedlich um. Einige kommen sehr gut damit zurecht und ziehen den Stecker des Fernsehgeräts einfach heraus, bestellen die Illustrierten ab und verbringen ihre Freizeit mit Lesen, Gesprächen, einem Hobby, Gesellschaftsspielen oder Musik. Das andere Extrem bilden Menschen, die wahllos oder gar gewohnheitsmäßig Gewalt- und Sexfilme verschlingen.

Niemand will hinter dem Mond leben, und eine ernsthafte Auseinandersetzung mit den Problemen unserer Zeit ist ein nötiger Teil verantwortungsvollen Lebens. Aber der Inhalt und Ton von Filmen, denen wir unseren Geist (und den unserer Kinder) aussetzen, bedarf einer sorgfältigen Prüfung. Hat das, was man lesen, hören oder sich anschauen will, irgendeinen Wert? Kann man daraus etwas lernen, darüber sprechen oder darüber beten? Wenn Jüngere einen gut gemachten, aber aufwühlenden Film zu Hause ansehen, ist dann ein verantwortungsbewußter Erwachsener in der Nähe, der bei besonders unangenehmen Stellen vorspult und mit den Kindern über den Film spricht, wenn er zu Ende ist?

Für die meisten bedeutet es schon den halben Sieg, wenn sie vorher wissen, worauf sie sich einlassen. Leider verraten uns Film- und Fernsehanzeigen selten, wie sich der Inhalt auf uns auswirken wird. Einige Zeitschriften drucken Besprechungen über bestimmte Filme ab und informieren Eltern darüber, ob sich der Film für ihre Kinder eignet.

Wie steht es mit der Zeit, die wir im Auto verbringen? Bringt das Radio eine endlose Serie von negativen Nachrichten und schlechten Witzen von Rundfunkmoderatoren? Vielleicht können Sie christliche oder informative Sendungen empfangen, die gute

Anregungen und erbauliche Gedanken vermitteln. Eine noch bessere Anschaffung ist ein Kassettenrekorder im Auto. Es gibt viele hervorragende Kassetten in christlichen Gemeinden, Buchläden oder von den Rundfunksendern selbst.

Wie steht es mit der Musik? Was sagen die Texte? Wie wirkt sich der Musikstil auf Sie aus? Einige behaupten, sie hören okkulte Musikgruppen, »nur weil ihnen die Musik gefalle«, ohne auf die Texte zu achten (die zugegebenermaßen oft wirklich unverständlich sind). Aber normalerweise dringt die Botschaft trotzdem auf die eine oder andere Weise zu uns durch. Jemand, dessen Musikgeschmack eher härtere Töne bevorzugt, muß sich kundig machen, bevor er/sie kauft und spielen läßt.

Der langen Rede kurzer Sinn: Wie auch alles andere im Leben ereilen uns die Energieräuber (in diesem Fall »der Müll hinein«) anscheinend automatisch. Energiespender, die ermutigen, informieren und aufbauen, muß man sich erst erarbeiten. Der Rat des Apostels Paulus kann uns dabei täglich weiterhelfen: »Was wahrhaftig ist, was ehrbar, was gerecht, was rein, was liebenswert, was einen guten Ruf hat, sei es eine Tugend, sei es ein Lob – darauf seid bedacht« (Philipper 4,8).

10. Haschen nach Wind – unerfüllte Erwartungen und Wünsche

»Es ist nicht so gekommen, wie ich erhofft hatte.« Das hört man oft. Die Note, das Haus, die Arbeit, die Gehaltserhöhung, der Ehepartner, das neueste Spielzeug bringen einfach keine dauerhafte Zufriedenheit. Die ruhelose Suche nach dem nächsten, das Befriedigung bringen könnte, geht weiter – und die Müdigkeit wird immer größer.

Was ist noch neu? Vor vielen Jahrhunderten betrachtete sich König Salomo alles, was er erworben hatte: unvorstellbaren Reichtum, politische Macht, kostbare Bauten, die beste Ausbildung und sexuelle Befriedigung durch 1.000 Partnerinnen. Doch er war trotzdem kein fröhlicher Zeitgenosse:

»Und alles, was meine Augen wünschten, das gab ich ihnen und verwehrte meinem Herzen keine Freude, so daß es fröhlich war von aller meiner Mühe; und das war mein Teil von aller meiner Mühe.

Als ich aber ansah alle meine Werke, die meine Hand getan hatte, und die Mühe, die ich gehabt hatte, siehe, da war es alles eitel und

Haschen nach Wind und kein Gewinn unter der Sonne.« (Prediger 2,10-11)

Behandlung:
An irgendeinem Punkt im Leben muß eine entscheidende Frage beantwortet werden: Wird Zufriedenheit (nicht Selbstgefälligkeit) innerlich geschaffen, oder ist sie die Folge davon, »wie alles läuft«? Was bestimmt unsere Stimmung: Die Umstände oder eine nach vorne orientierte, auf andere ausgerichtete stabile Einstellung, die durch Gottes Wirken in uns zustande kommt? Salomo beantwortete diese Frage selbst:

»Ist's nun nicht besser für den Menschen, daß er esse und trinke und seine Seele guter Dinge sei bei seinem Mühen? Doch dies sah ich auch, daß es von Gottes Hand kommt. Denn wer kann fröhlich essen und genießen ohne ihn? Denn dem Menschen, der ihm gefällt, gibt er Weisheit, Verstand und Freude; aber dem Sünder gibt er Mühe, daß er sammle und häufe und es doch dem gegeben werde, der Gott gefällt. Auch das ist eitel und Haschen nach Wind.« (Prediger 2,24-26)

Leider genügt es auch hier wie bei den meisten anderen Behandlungsmöglichkeiten für chronische Müdigkeit, die wir erwähnten, nicht, die Prinzipien zu kennen. Sie müssen im Leben umgesetzt werden. Ich kenne zu viele müde, unzufriedene Menschen, die sich gut in der Bibel auskennen. Damit diese Behandlung Erfolg verspricht, muß eine weitere tägliche Disziplin eingeführt werden – täglich! Dabei ist es wichtig, darüber nachzudenken, wer Gott ist, und was er getan hat und was er denkt – täglich. Das Buch der Psalmen beginnt mit diesem Rat:

»Wohl dem, der nicht wandelt im Rat der Gottlosen, noch tritt auf den Weg der Sünder, noch sitzt, wo die Spötter sitzen, sondern hat Lust am Gesetz des Herrn und sinnt über seinem Gesetz Tag und Nacht! – Der ist wie ein Baum, gepflanzt an den Wasserbächen, der seine Frucht bringt zu seiner Zeit, und seine Blätter verwelken nicht. Und was er macht, das gerät wohl.« (Psalm 1,1-3)

Das Bild von dem Baum ist eindrücklich. Es lohnt sich, dieses Bild mit unserer täglichen Erfahrung zu vergleichen. Der Baum ist beständig, er steht fest, trägt zur richtigen Zeit Frucht und zieht die Energie für sein Leben ständig aus den nahegelegenen Wasserbächen. So können wir auch sein, wenn wir uns in die richtige Richtung wenden, und wenn wir uns die Anweisungen unseres Schöpfers ständig vor Augen halten.

b) Ernährung – nach der Bibel

Ernährung. Unter diesen Oberbegriff fallen alle pflanzlichen und tierischen Produkte, die der Mensch braucht, um sein Leben erhalten zu können.

I. Im Alten Testament

1. In frühesten Zeiten:

Schon von Anfang an (1. Mose 1,29-30; 2,16) dienten dem Menschen alle samentragenden Pflanzen, wohl hauptsächlich Getreide und Gemüse, und die fruchttragenden Bäume als Nahrung, während sich die Tiere von Grünfutter ernährten. Durch den Sündenfall wurde die Nahrungssuche und -herstellung für den Menschen zur mühseligen Arbeit (1. Mose 3,18.23; 4,2-3). Die auf der Arche vorhandene Nahrung war offenbar typisch für die zu der damaligen Zeit üblichen Nahrungsmittel, obwohl darüber keine Einzelheiten angegeben sind (1. Mose 6,21). Nach der Sintflut machte Gott die Zusage, daß es Aussaat und Ernte solange geben soll, wie die Erde besteht, und daß außer der Vegetation alle Kreatur als Nahrung dienen darf, nur das Blut nicht (1. Mose 8,22-9,4). Als Noah nach der Flut wieder seßhaft wurde, baute er erstmals Wein an, durch dessen Genuß er betrunken wurde (1. Mose 9,20-21).

2. Das Zeitalter der Erzväter:

In Ägypten, Palästina und Mesopotamien gehörten im 2. Jahrhundert v.Chr. Getreide und verschiedene Brotsorten zusammen mit Milch, Butter, Käse, Wasser, Wein und Bier zu den Hauptnahrungsmitteln. Ohne Zweifel lebten die Patriarchen, die Halbnomaden waren, hauptsächlich von den Milchprodukten ihrer Rinder-, Schaf- und Ziegenherden. Sie verfügten aber auch über Brot (s. die Versorgung Hagars in 1. Mose 21,14) und bauten nur gelegentlich Getreide an, wie das Isaak (1. Mose 26,12) und wahrscheinlich auch Jakob taten (vgl. 1. Mose 37,7), weil dieser während der Hungersnot darauf angewiesen war, in Ägypten Korn zu kaufen (1. Mose 42,2.25f; 43,2; 44,1-2). Die Linsensuppe, für die Esau sein Erstgeburtsrecht eintauschte (1. Mose 25,29-34), dürfte zu seiner Zeit wie auch später (z.B. 2. Samuel 17,28) ein allgemein übliches Gericht gewesen sein. Für Ehrengäste wurde ein gemästetes Kalb geschlachtet, außerdem reichte man ihnen Quark und dicke Milch (1. Mose 18,6-8). Mit Abrahams Art der Bewirtung von Gästen lassen sich Hinweise in den nordkanaan. Schriften aus Ugarit vergleichen, in denen das Schlachten und Zubereiten eines »Lammes aus der Herde« oder auch »des bestgenährten des Mastviehs« erwähnt wird (ANET, S. 146.149.151). Obwohl nicht jeden Tag Fleisch gegessen wurde, war im Syrien-Palästina der Erzväter der Verzehr von Wüstenwild sehr beliebt. Isaak schätzte dieses auf der Jagd erbeutete schmackhafte Fleisch (1. Mose 27,3-4) ebenso wie der Ägypter Sinuhe, der etwas früher in Palästina war (ANET, S. 20). Geschenke an Würdenträger konnten als besondere Delikatessen auch Nüsse und Honig enthalten (1. Mose 43,11). Die Tontafeln des aus dem 18. Jahrhundert v.Chr. stammenden Palastes von Mari lassen darauf schließen, daß den königlichen Gästen auf Gastmahlen große Mengen Honig zur Verfügung standen, und daß König Ischme-Dagan von Assyrien seinem in Mari regierenden Bruder zu der gleichen Zeit Pistazien(mandeln) schickte. Auch in Ägypten gehörte Honig in erster Linie zu den Privilegien des Königshauses und der Oberschicht, wurde aber gelegentlich auch von den Untergebenen gegessen. Schließlich war das gemeinsam eingenommene Mahl ein Zeichen von Freundschaft zwischen zwei vertragschließenden Parteien, z.B. zwischen Isaak und den Philistern in 1. Mose 26,30 und zwischen Jakob und Laban in 1. Mose 31,54. Über das Mahl, zu dem Josef seine Brüder in Ägypten einlud, sind keine Einzelheiten bekannt (1. Mose 43,31-34).

3. Israel in Ägypten:

In Ägypten hatten die gefangenen Israeliten trotz ihres harten Lebens eine große Auswahl an Nahrungsmitteln, an die sie während der Wüstenwanderung sehnsüchtig zurückdachten: Fisch, Gurken, Melonen, Lauch, Zwiebeln und Knoblauch (4. Mose 11,5). Diese Liste stimmt sehr genau mit den im Ägypten des 13. Jahrhunderts v.Chr. nicht zuletzt aus dem Ostdelta, dem Lande Goschen, bekannten Lebensmitteln überein. So wird die Gegend von Raamses von einem Schreiber wegen ihres Reichtums an Nahrungsmitteln gerühmt: Zwiebeln und Lauch, sieben verschiedene Sorten von Fisch in seinen Gewässern und zahlreiche Obst- und Gemüsesorten (ANET, S. 471; besser, R.A. Caminos: Late-Egyptian Miscellanies, 1954, S. 74).

4. Ernährung in Israel:

a. Pflanzliche Nahrungsmittel. Getreide, Wein und Olivenöl zählten zu den drei Hauptnahrungsmitteln (5. Mose 7,13; 4. Mose 5,11; Hosea 2,10). Bei dem Getreide handelt es sich hauptsächlich um Gerste, Weizen und manchmal auch Dinkel, eine Weizenart von geringerer Qualität (s. 2. Mose 9,31f; 5. Mose 8,8 und Jesaja 28,25 – man beachte die Reihenfolge des dort genannten Getreides. Zum Backen und Zubereiten von Brot). Brot als Grundnahrungsmittel war die geeignetste und anschaulichste Beschreibung für Christus selbst, das Brot des Lebens (vgl. Johannes 6,33.35).

Der Weinstock trug maßgeblich zur Versorgung bei: man genoß nicht nur die frischen Trauben (4. Mose 6,3; 5. Mose 23,25), sondern auch getrocknete Trauben als Rosinen (1. Samuel 25,18; 30,12); man trank süßen Traubensaft, *'asis* (Jesaja 49,26; Amos 9,13; Joel 1,5; 4,18), halbgegorenen Most oder jungen Wein (Richter 9,13; Hosea 4,11; Sprüche 3,10; etc.) und den vollausgegorenen Wein (*yayin*). Den roten Traubensaft nannte man gerne »Traubenblut« (1. Mose 49,11; 5. Mose 32,14). Wein in seinen verschiedenen Formen war im alten Palästina ein allgemein übliches Getränk. Manche Weine aus Ägypten, Palästina und Kleinasien (z.B. der Wein von Helbon in Hesekiel 27,18 und in assyrischen Texten) waren im Altertum berühmt. Essig, sauer gewordener Wein mit Wasser verdünnt, wurde den Feldarbeitern als Erfrischung gereicht (Rut 2,14).

Abgesehen davon, daß *schekar* (»starkes Getränk«) eine allgemein gebräuchliche Bezeichnung für gegorene Getränke war, wurden mit diesem Wort wohl speziell solche Getränke benannt, die aus Getreide (Herodot 2,77), Datteln (ebd., 1,193) und vielleicht sogar Honig gewonnen wurden. Bier war Lieblingsgetränk in Mesopotamien, Wein in Palästina; beide waren in Ägypten bekannt, wo Dattelwein und andere Getränke erwähnt werden.

Als weiteres Nahrungsmittel wurde Olivenöl sowohl direkt zur Ernährung als auch als Fett zum Kochen benutzt. Zusammen mit Mehl benötigte man das Öl für Brot und Kuchen, die auch in Öl gebacken wurden (2. Mose 29,2); so war das Öl vielseitig verwendbar (vgl. die Witwe von Zarpat in 1. Könige 17,12).

Als Gemüse (vgl. 2. und 3.) verwendete man Bohnen, *pol* (2. Samuel 17,28; Hesekiel 4,4.9). Seit dem 13. Jahrhundert v.Chr. kommt dieses Wort auch in Ägypten vor. Neben den schon erwähnten Weintrauben und Oliven gehörten zum üblichen Obst

Feigen (manchmal in Form von Feigenkuchen; vgl. Jesaja 38,21 für den medizinischen Gebrauch; auch in Ugarit in der Pferdeheilkunde verwendet), die man ritzen mußte, damit sie zu eßbarer Größe anschwollen. Dieses Ritzen war einer der bürgerlichen Berufe des Amos (Amos 7,14). Man aß auch Granatäpfel und trank ihren Saft (Hohelied 8,2). Zu den verschiedenartigen damals vorhandenen Nüssen gehörten Mandeln (Jeremia 1,11) und Pistazien. In Sprüche 25,11; Hohelied 2,3.5; 7,8; 8,5; Joel 1,12 bedeutet das Wort *tappuach* höchstwahrscheinlich »Apfel«, obwohl diese Übersetzung oft in Frage gestellt wird. Außerhalb von Ägypten und Palästina lassen babylon. Texte darauf schließen, daß der Apfel (*haschuru*) sowohl in Mesopotamien als auch im SO Kleinasiens (Puruschanda in der Nähe des heutigen Topada) schon lange bekannt war.

b. Tierprodukte. Darin einbegriffen sind Honig, Fett und Fleisch. Der Honig von wilden Bienen, den man in Felsen, in Bäumen etc. fand, war weit verbreitet (5. Mose 32,13; Richter 14,8; 1. Samuel 14,25; 2. Samuel 17,29). Die Verfasser des AT sagen nichts darüber aus, ob man, wie bei den Ägyptern, auch bei den Hebräern Bienenzucht betrieb. Honig war eine sehr begehrte Delikatesse (Psalm 19,11; Sprüche 24,13). Palästina war in der Tat ein Land von »Milch und Honig« (2. Mose 3,8); im 15. Jahrhundert v.Chr. brachte der Pharao Thutmosis III. von seinem 7. und 14. Feldzug Hunderte von Krügen mit Honig als Tribut aus Syrien-Palästina mit. Man beachte die überschwengliche Beschreibung des Überflusses an Getreide, Wein, Öl, Honig, Früchten und Vieh in Palästina durch Sinuhe (ANET, S. 19-20).

Auch Milch gehörte zusammen mit den aus ihr gewonnenen Produkten Butter und Käse zu den Hauptnahrungsmitteln. (Zu Milch vgl. Sprüche 27,27; Jesaja 7,22; Hesekiel 25,4; zu Butter vgl. Sprüche 30,33; zu Käse vgl. Hiob 10,10; 1. Samuel 17,18; 2. Samuel 17,29 (Käse wird hier als Geschenk überreicht). Einem unerwarteten Besucher oder Gast wie dem Sisera in Richter 4,19; 5,25 und Jahrhunderte zuvor dem ägyptischen Flüchtling Sinuhe (ANET, S. 19) wurde Milch angeboten.

Fleisch nahm man, außer bei den reichen Leuten, die es vielleicht regelmäßig aßen, nur gelegentlich zu sich. So wie Abraham bot man den Gästen Kalb, Ziege oder Lamm an (vgl. Richter 6,19ff; 2. Samuel 12,4); ob lebend oder schon zubereitet, waren diese Tiere willkommene Geschenke (1. Samuel 16,20; 25,18). Ein gemästeter Ochse ergab manchmal ein fürstliches Mahl (Sprüche 15,17). Das gilt für Palästina ebenso wie für Ägypten und Mesopotamien, wo ein Beamter, der dafür verantwortlich ist, das Bankett für königliche Gäste zu bereiten, von einem gemästeten Ochsen berichtet, der so gut im Fleisch steht, daß, »wenn er aufsteht, sein Blut in die Füße stürzt und er dann nicht mehr stehen kann«. Elis abtrünnige Söhne zogen dem gekochten Fleisch gebratenes vor, und dem Propheten Hesekiel diente ein in einem Topf mit Wasser gekochtes Stück Fleisch als Beispiel (Hesekiel 24,3-5). Ein Ziegenböcklein sollte man jedoch nicht in der Milch seiner Mutter kochen (2. Mose 23,19), weil das vielleicht mit kanaanäischen Opferpraktiken verbunden war und von daher ähnliche Bedeutung hatte wie das Essen von Götzenopferfleisch z.Zt. des NT. In 3. Mose 11,1-23.29ff (vgl. 41ff) und 5. Mose 14,3-21 findet man das Gesetz über die als Nahrung erlaubten oder verbotenen Tiere. Neben Ochsen, Schafen und Ziegen waren sieben Arten Wild (5. Mose 14,5) und alle anderen Tiere mit gespaltenen Hufen, die wiederkäuen, erlaubt. Diejenigen Tiere, die nicht beide Bedingungen erfüllten, waren als Nahrung verboten und zählten zusammen mit einer großen Anzahl verschiedener Vogelarten zu den »unreinen« Tieren. Was Fische betraf, so durften nur solche mit Flossen und Schuppen gegessen werden. Von den Insekten durften nur die Heuschrecken verzehrt werden. Das Fleisch einiger der verbotenen Tiere war für den menschlichen Genuß unbrauchbar, Schweinefleisch war in dem heißen Klima zu riskant; einige der »unreinen« Tiere brachte man mit der Götzenverehrung der Umwelt in Verbindung.

c. Die Versorgung von Salomos Palast mit Nahrungsmitteln. In 1. Könige 4,7.22-23,27-28 wird berichtet, daß jeder der Statthalter der zwölf israelitischen Verwaltungsbezirke den Hof Salomos einen Monat im Jahr mit Nahrungsmitteln versorgen mußte: Eine Tagesration betrug 30 *kor* feines Mehl, 60 *kor* groben Mehls, 30 Stück Vieh, 100 Schafe, Wildbret und Geflügel, außerdem noch Viehfutter für die königlichen Ställe. Ähnlich bezahlte Salomo Hiram I. von Tyrus dessen Holz und Holzfäller mit 20.000 *kor* Weizen pro Jahr und einer entsprechenden Menge Öl. Solche Lebensmittelversorgung war für die altorientalischen Höfe typisch, wie aus ägyptischen und mesopotamischen Wirtschaftslisten hervorgeht. Die Höfe Nebukadnezars II. von Babylonien und Kyrus' von Persien wurden offensichtlich in monatlichem Wechsel durch Bezirksbeamte versorgt, ähnlich wurde es am Hofe Salomos gehandhabt (R.P. Dougherty: AASOR 5, 1935, S. 23-41, 40-46).

Wahrscheinlich wurden die monatlichen Lieferungen an Salomo entweder aus zusätzlichen Abgaben oder aus den örtlichen Steuern der zwölf Bezirke in Form von Naturalien (Getreide für Mehl, Viehbestände) bezahlt.

Nicht nur das System, sondern auch die Menge und die Verteilung der Versorgungsmittel am Hofe des Salomo halten einem Vergleich mit dem Lebensmittelverbrauch an anderen Königshöfen stand. Das Hofpersonal im Alten Orient kann man in drei Klassen einteilen: zunächst der König, die königliche Familie und alle höheren Beamten des Königreiches, dann das Gros der Höflinge und untergeordneten Beamten, die eng mit den »Abteilungen« der höheren Minister zusammenarbeiteten, und schließlich die wohl am stärksten vertretene Klasse der in allen möglichen Bereichen tätigen Hausangestellten. Der alte nahöstliche Palast war nicht nur eine königliche Residenz, sondern der eigentliche Mittelpunkt der Zentralregierung des Staates. Teilweise erhaltene Statistiken aus Ägypten und Mesopotamien stehen für einen Vergleich zur Verfügung. Für das 18. Jahrhundert v.Chr. geben königliche Archive aus Mari und Chagar Bazar im NW-Mesopotamien Auskunft über die tägliche Nahrungsversorgung des Königs und seiner obersten Beamten (d.h. der »ersten Klasse«). Die Mengen umfassen täglich Hunderte von Litern (*qa*) an Getreide, Brot, Backwaren, Honig und Sirup, wobei der Tagesdurchschnitt in Chagar Bazar bei 945 l für das »königliche Mahl« liegt (J. Bottéro: Archives Royales de Mari, 7, 1957, S. 270-273). Man vergleiche allein die riesigen Mengen an Gerste, die im Palast von Mari verzehrt wurden (s. Birot: ebd., 9, 1960, S. 264-265). Ähnliche Rechnungen sind auch vom ägyptischen Hof der damit gleichzeitigen 13. Dynastie erhalten. Direkt vergleichbar damit ist der Verbrauch von 726 l Mehl (10 *har*, d.h. Säcke) täglich zum Brotbacken für den ägyptischen Hof Sethos' I. (ca. 1300 v.Chr.) in Unterägypten (Spiegelberg: Rechnungen, Zeit Setis' I., 1896). Zu den Vorbereitungen für die Ankunft eines Pharao gehörte im späten 13. Jahrhundert v.Chr. die Beschaffung von 92.000 Brotlaiben (acht verschiedene Sorten), 20.000 Keksen (zwei verschiedene Sorten) und riesigen Mengen anderer Lebensmittel (R.A. Caminos: Late-Egyptian Miscellanies, 1954, S. 198-201). All diese Zahlen beziehen sich ebenfalls hauptsächlich auf Konsumenten der ersten Klasse und eventuell, wie beim letzten Beispiel, auf die zweite Klasse, berücksichtigen jedoch keinesfalls die zahlreichen niederen Hausangestellten (»dritte Klasse«), wie z.B. die 400 Palastfrauen in Mari. Keilschrifttafeln aus Babylon aus dem

10.-35. Regierungsjahr Nebukadnezars II. (595-570 v.Chr.) informieren genau über die Mengen an Getreide und Öl, die königliche Gefangene, darunter König Jojachin von Juda und seine Söhne, sowie zahlreiche Handwerker aus Ägypten, Philistäa, Phönizien, Jonien, Lydien, Zilizien, Elam, Medien und Persien erhielten (weitere Einzelheiten s. ANET, S. 308; DOTT, S. 84-86; Hauptquelle ist E.F. Weidner: Mélanges R. Dussaud, 2, 1933, S. 923-935; wertvolles Hintergrundmaterial liefert W.F. Albright: BA 5, 1942, S. 49-55).

Wenn bei Salomo 1 *kor* (Maß) 220 l sind (R.B.Y. Scott: BA 22, 1959, S. 31; vgl. Maße und Gewichte), dann ergeben die 30 *kor* feinen plus 60 *kor* groben Mehls insgesamt ca. 6.600 l plus 13.200 l täglich, was ingesamt 19.800 l täglich oder 594.000 l monatlich ausmacht. Nach den oben angegebenen Vergleichszahlen würde das bedeuten, daß täglich 600 l an die oberste Schicht, d.h. an Salomo, seine Familie und seine oberen Beamten geliefert wurden (vgl. die 726 l in Ägypten, die 945 l in Chagar Bazar), weitere 6.000 l feinen Mehls für die »zweite Klasse«, also für das Gros der wichtigsten Höflinge und Beamten, und 13.200 l einfachen Mehls für die vielen Hausangestellten (»dritte Klasse«) gebraucht wurden. Zeugnisse aus Mari lassen darauf schließen, daß auf einem *iku* Land (3.600 m^2) ein *ugar* (1.200 l) Getreide angebaut wurde. Wenn die Getreideerträge in Israel ähnlich waren, und wenn ein Liter Getreide etwa einen Liter Vollmehl ausmachte, dann kann man wohl annehmen, daß die monatliche Mehllieferung an Salomos Hof (594.000 l) ungefähr der Menge Getreide entspricht, die auf 495 *iku* oder ca. 424 Morgen Land angebaut wurde. Das entspricht einer Fläche von etwa 1,7 km^2, eine Abgabe, die mit Sicherheit keine unerträgliche Belastung für jeden der zwölf Verwaltungsbezirke Israels darstellt. Die jährlich an Hiram zu zahlenden 20.000 *kor* Weizen würden ganz entsprechend den Ertrag von ca. 305 *iku* oder 262 Morgen pro Monat, d.h. 1,06 km^2 Land erfordern, was eine vernünftige Zahl ist.

d. Würzen und Kochen. Im Kochen inbegriffen war das Brot- und Kuchenbacken mit oder ohne Sauerteig, das Zubereiten von Suppen und Eintopfgerichten und das Braten und Kochen von Fleisch (s.o.). Salz war das für eine Mahlzeit wichtigste Gewürz (Hiob 6,6). Wie schon erwähnt, war das gemeinsame Einnehmen einer Mahlzeit ein Zeichen für einen Bundesschluß (1. Mose 26,30; 31,54), und die Wendungen »Bund des Salzes« (4. Mose 18,19) oder »jemandes

Salz essen« (Esra 4,14) bezeichneten Einvernehmen oder Loyalität. Zu den Gewürzkräutern zählten Dill, Kümmel (Jesaja 28,25.27) und Koriander (2. Mose 16,31; 4. Mose 11,7). Der im Altertum übliche Gebrauch dieser Gewürze wird durch Funde von Pflanzen und Samen in ägyptischen Gräbern von der 18. Dynastie an und durch ihre Erwähnung in ägyptischen und babylonischen Texten belegt (vgl. L. Keimer: Die Gartenpflanzen im Alten Ägypten, 1, 1924).

Auf mykenisch-griechischen Tontafeln aus Kreta und Griechenland, die in der Linear-B-Schrift geschrieben und ins 15.-13. Jahrhundert v.Chr. datiert sind, tauchen u.a. die Gewürze Kümmel (*ku-mi-no*), Koriander (*ko-ri-a-da-na/-do-no*) und Sesam (*sa-sa-ma*) auf. Diese Namen und wahrscheinlich auch einige dieser Gewürze waren Einfuhrartikel aus dem Nahen Osten über Syrien-Palästina und Zypern und bezeugen dadurch das hohe Alter der Verwendung dieser Gewürze und ihrer Namen in den biblischen Ländern. (Weitere Einzelheiten dazu bei M. Ventris und J. Chadwick: Documents in Mycenean Greek, 1956, S. 131, 135-136, 221-231; J. Chadwick: The Decipherment of Linear B, 1958, S. 64, 120.) Der Gebrauch von Sesam ist für dieselbe Zeit auch in Syrien selbst, nämlich in Ugarit als *schschmn* belegt (Gordon: Ugaritic Textbook, 3, 1965, S. 495, Nr. 2496).

Honig durfte man zum Backen (2. Mose 16,31), jedoch nicht als eine Gabe für Gott verwenden (3. Mose 2,11), obwohl man in Ägypten den Göttern Honig als Opfer darbrachte. Gesüßte und gewürzte Weine (Hohelied 8,2) und Biersorten sind ebenfalls in ägyptischen und mesopotamischen Texten erwähnt; man verwendete Honig dazu und Kräuter. Mit dem etwas unklaren Ausdruck »den Salbtopf salben lassen«, der in Hesekiel 24,10 (vgl. RevEB, Fußnote) im Zusammenhang mit dem Kochen vorkommt und vielleicht das Würzen von Fleisch bezeichnet, könnte man »gewürztes«, wörtlich »gesüßtes Fleisch« (*iwf sndm*) in Ägypten vergleichen (Gardiner, Ancient Egyptian Onomastica, 2, 1947, S. 225-256, A. 610).

Mit der Wendung »das Weiße vom Ei« (*rir hallamut*, Hiob 6,6), durch die etwas fade Schmeckendes ausgedrückt wurde, war wahrscheinlich der Saft einer Gemüseart gemeint. D.J. Wiseman (The Alalakh Tablets, 1953, S. 87) stellt einen möglichen Zusammenhang zwischen *hilimitu*, das zum Getreide zählt, und dem syrischen *hallamut* her (vgl. die oben genannte hebräische Form; vgl. A.R. Millard: Ugarit-Forschungen 1, 1969, S. 210).

II. Im Neuen Testament

Da die typische hebräische Familie sich hauptsächlich vegetarisch ernährte, ist es nicht verwunderlich, daß sich die neutestamentlichen Hinweise auf Ernährung fast ausschließlich auf solche Nahrungsmittel beziehen.

1. Pflanzliche Kost:

a. Getreidearten. Das Hauptnahrungsmittel des Menschen in der Bibel ist Brot, das entweder aus Weizenmehl (Matthäus 13,33; Lukas 13,21) oder Gerstenmehl gebacken wurde (Johannes 6,9.13; vgl. Richter 7,13; 2. Könige 4,42). Letzteres wurde für das Brot der ärmeren Leute verwendet (vgl. Jos. bell. Jud. V, 427; für das Wertverhältnis von Weizen und Gerste s. Offenbarung 6,6). Das NT berichtet über die einfache Methode, das Korn zu gewinnen, indem man die reifen Ähren pflückte (3. Mose 23,14) und die Schale durch Reiben in der Hand entfernte (5. Mose 23,26; Matthäus 12,1; Markus 2,23; Lukas 6,1). Wenn das auf dem Feld eines fremden Mannes geschah, dann wurde es von den Rabbinen mit dem Ernten gleichgesetzt und deshalb am Sabbat verboten (Mischna, Shabbat 7.2). Weitere Stellen, die sich auf den Umgang mit Korn beziehen, sind Matthäus 3,12; Lukas 3,17; 22,31. Besondere Erwähnung verdienen die massot oder Fladen aus ungesäuertem Teig, weil nur sie in jüdischen Haushalten während des Passafestes erlaubt waren und sind (2. Mose 12,19; 13,7 etc.; 1. Korinther 5,7f).

b. Früchte und Öl. Aus dem Garten kamen die Weintrauben und damit zugleich die »Frucht des Weinstockes« (Matthäus 26,29 etc.); auch Oliven fand man im Garten, obwohl sie nirgendwo ausdrücklich als Nahrungsmittel genannt werden (vgl. Römer 11,17ff; Jakobus 3,12).

Aus den Oliven ließ sich jedoch ein sehr gutes Öl gewinnen, das bei der Zubereitung von Nahrung verwendet wurde; die Frucht selber wurde konserviert, indem man sie in Salzwasser einlegte. In Salzwasser eingelegte Oliven wurden als pikante Beilage zu Brot gegessen. In diesem Zusammenhang sei auch die haroset genannte Soße erwähnt, die aus Datteln, Feigen, Rosinen und Essig zubereitet wird, und die für das Passafest charakteristisch ist (Markus 14,20; Johannes 13,26; in der Mischna, Pesachim 2,8; 10,3).

Von der Frucht des Feigenbaumes spricht Matthäus 7,16 in gleichem Zusammenhang wie von der Traube. Diese beiden Früchte waren in Palästina sehr geschätzt, wohingegen die Frucht des Johannisbrotbaumes nur wenig beliebt war; diese Schoten hätte der verlorene Sohn in seiner Not gerne gegessen (Lukas 15,16), obwohl sie eigentlich als Schweinefutter dienten.

2. Tiere und Tierprodukte:

a. Tiere (allgemein). In der jüdischen Welt der neutestamentlichen Zeit wurde die Einhaltung der Speisegesetze strengstens durchgesetzt, inbesondere in Hinblick auf die Unterscheidung zwischen reinen und unreinen Tieren und Vögeln (3. Mose 11,1-23; 5. Mose 14,4-20; Apostelgeschichte 10,9ff; Mischna-Traktat 'Avoda Zara). Daß diese Speisevorschriften nicht mehr gelten, ist ein wichtiges Thema im NT (Markus 7,18-20; Apostelgeschichte 15,29; Römer 14; 1. Korinther 8,10; Götzenopferfleisch). Zu den reinen Tieren, die als Nahrung dienten – vorausgesetzt, daß sie korrekt geschlachtet worden waren und das Blut ganz ausgeflossen war, wodurch sie rein, koscher, wurden –, zählten das Ziegenböcklein (Lukas 15,29) und das Kalb (Lukas 15,23), die beide für einen festlichen Anlaß gemästet waren.

b. Fisch. Fisch wurde ganz ähnlich als rein oder unrein klassifiziert, entsprechend den Bestimmungen 5. Mose 14,9f (vgl. 3. Mose 11,9-12). Der Leser des Evangeliums ist sicher vertraut mit den Namen der galiläischen Städte, die, am Ufer des Sees Genezareth gelegen, Zentrum der Fischindustrie waren. Die ersten Jünger werden »Fischer« genannt (Markus 1,16 par.). Außer dem Hinweis in Lukas 11,11 wird Fisch sowohl bei der Speisung der Fünftausend (Markus 6,41ff par. sowie Markus 8,7ff par.) als auch bei den Mahlzeiten erwähnt, die der Auferstandene mit seinen Jüngern teilte (Lukas 24,42-43; Johannes 21,9ff). Die Popularität des Fischsymbols im frühen Christentum (vgl. die detaillierte Studie von F.J. Dölger: Ichthys, 1928) und Verwendung von Fisch beim Heiligen Abendmahl in frühchristlichen Kreisen haben wahrscheinlich ihren Ursprung in diesen im Evangelium erwähnten Ereignissen.

c. Vögel. Im NT sind Vögel als Nahrungsmittel nicht erwähnt, abgesehen von dem allg. Hinweis in Apostelgeschichte 10,12 und der indirekten Erwähnung des Verkaufs von Spatzen in Matthäus 10,29 und Lukas 12,6; in Lukas 11,12 wird jedoch auf Eier angespielt.

d. Insekten. Zu den eßbaren Insekten gehört die Heuschrecke, die zusammen mit wildem Honig Johannes dem Täufer in der Wüste Juda als Nahrung diente.

3. Gewürze:

Um den Genuß des Essens zu steigern, bediente man sich verschiedener Zutaten. Das wichtigste Gewürz war das Salz, das die Eigenschaft besaß, einer Mahlzeit Geschmack zu verleihen (Hiob 6,6). Diese Eigenschaft des Salzes wird in einigen ethischen Anweisungen der Evangelien (Matthäus 5,13; Markus 9,50; Lukas 14,34) und in den Briefen (Kolosser 4,6) zum Kernstück der Aussage.

Mit den Gewürzen Minze, Dill, Kümmel und Raute (Matthäus 23,23 und Lukas 11,42) wird die Liste der Kräuter-Gewürze, die Speisen schmackhaft machen, fortgesetzt; in Matthäus 13,31f findet man den Hinweis auf die Senfpflanze, deren zerschnittene Blätter den Gerichten zusätzliche Würze gaben.

Der kleine Senfsame soll nach jüdischem Brauch auf das Feld und nicht in den Garten gesät werden; in Palästina erreichten die Pflanzen eine Höhe von bis zu 3 Meter. (Zu den verschiedenen Problemen der Gleichnisse vom Senfkorn s. C.-H. Hunzinger: ThWNT VII, S. 286-290 und: Das Große Bibellexikon, Bd. 1, R. Brockhaus Verlag Wuppertal 1987)

ANMERKUNGEN

1 Eine perverse Tradition in der Medizin spricht bei ungewöhnlichen Störungen von einem »interessanten Fall«, selbst wenn diese für den Patienten verheerende Folgen haben können.

2 Die »Fälle« in diesem Buch sollen typische Situationen veranschaulichen, die im Zusammenhang mit chronischer Müdigkeit auftreten können. Einige dieser Beispiele sind aus zwei oder mehr Fällen zusammengesetzt.

3 Bei einer neueren Untersuchung von 1159 beliebigen Patienten in einer Akutklinik und in einer Praxis für innere Medizin nannten 24 Prozent der Patienten Müdigkeit als ihr größtes Problem, unabhängig davon, ob sie es während ihres Besuchs als solches bezeichneten oder nicht. (Kurt Kroenke et al., »Chronic Fatigue in Primary Care: Prevalence, Patient Characteristics and Outcome,« *Journal of the American Medical Association* 260 [1988], S. 929-934.)
Laut der *National Ambulatory Medical Care Survey. 1975 Summary*, die vom amerikanischen Gesundheitsministerium herausgegeben wurde (PHS 79-1784), war damals Müdigkeit das siebthäufigste Symptom, über das in Arztpraxen geklagt wurde. Wahrscheinlich wird dieses Problem nie aus der Liste der Top-Ten verschwinden.

4 Kroenkes Untersuchung konnte keine besonderen Unterschiede feststellen, die auf eine bestimmte Altersgruppe, soziale Schicht oder eine bestimmte Rasse als vorwiegend Betroffene schließen ließe. Jedoch klagten Frauen (28 Prozent) häufiger über dieses Symptom als Männer (19 Prozent).

5 Paul C. Reisser, Teri K. Reisser und John Weldon, *New Age Medicine* (Downers Grove: Intervarsity Press, 1988).

6 Wenn durch die Krankheitsgeschichte und eine körperliche Untersuchung keine medizinische Krankheit zu erkennen ist, wird in ungefähr 10 Prozent der Fälle bei zusätzlichen Untersuchungen (wie Labortests) dennoch eine körperliche Störung festgestellt.

7 Viele Krankenhäuser bieten jetzt Überwachungsprogramme der Herzgefäße mit einem Belastungs-EKG und einer allgemeinen Beurteilung des Risikos für Herzerkrankungen an.

8 Argumente gegen routinemäßige Belastungs-EKGs bei allen Menschen ab einem bestimmten Alter beruhen auf wirtschaftlichen Erwägungen. Die Zahl der Untersuchungen (und ihre Kosten), die nötig sind, um eine Herzerkrankung festzustellen, auf die es nicht vorher schon Hinweise gegeben hatte, ist unakzeptabel. Diese wirtschaftlichen Argumente sind bei dem Entwurf von Strategien für große Bevölkerungsschichten sinnvoll, aber weniger hilfreich, wenn ein einzelner Patient konkreten Rat sucht.

9 Bitte bedenken Sie, daß die meisten Ärzte keine ausgebildeten Experten in Ernährungsfragen sind. Diätassistenten sind darin ausgebildet, Ernährungstips zu geben. Leider verbreiten alle möglichen selbsternannten »Ernährungsspezialisten« nur allzu bereitwillig bizarre Ratschläge und teure Mittel. Seien Sie kritisch.

10 Die körperlichen Beschwerden, die mit extremer Gewichtszunahme oder -abnahme verbunden sind, überschatten die Müdigkeitsprobleme, die normalerweise ebenfalls vorhanden sind. Wer damit nicht zurechtkommt, benötigt eine spezielle Behandlung durch gut ausgebildete Ärzte.

11 Medikamente haben wie alle anderen Produkte einen Gattungsnamen und einen

Markennamen. Normalerweise ist der Markenname bekannter, obwohl unbekanntere Produkte mit gleicher Zusammensetzung billiger sein können. In diesem Kapitel wird nur der Gattungsname genannt.

12 Allen, die dieses Kapitel nach dem Jahr 1992 lesen, sei gesagt, daß neue Medikamente inzwischen erhältlich sein können. Einige Bemerkungen in diesem Kapitel sind vielleicht bald überholt, aber ich habe nie den Anspruch erhoben, die Zukunft vorherzusagen.

13 Minirth, Frank und Paul Meier, Endlich wieder Freude am Leben! Ursachen, Symptome und Heilung von Depressionen, K. Gehrt Verlag, Asslar 1990.

14 Meyer, Friedman und Ray Roseman, Type A – Behavior and your heart, Knopf, New York 1974, S. 178.

15 H. Holmes and R.H. Rahe, »The Social Readjustment Rating Scale«, Journal of Psychosomatic Research 11 (1967), S. 213-19.
J. Petrich und T.H. Holmes, »Life Change and Onset of Illness«, Medical Clinics of North America 61 (1977), S. 825-838.

16. Phillips, J.B., Dein Gott ist zu klein, Brendow Verlag, Moers 1991.

LITERATUR

Burisch, Matthias, *Das Burnout-Syndrom. Theorie der inneren Erschöpfung*, Springer Verlag, Berlin / Heidelberg / New York 1989, 158 S., Pb. (»Für Betroffene und interessierte Sozialwissenschaftler«: lt. Vorbemerkung im Buch)

Horie, Michiaki und Hildegard, *Mit der Seele per Du. Vom Umgang mit seelischen Störungen*, R. Brockhaus Verlag, Wuppertal ^{3}1990, 112 S., br.

ders., *Umgang mit der Angst*, ebd. ^{8}1991, 104 S., br.

Schleyer, Arno, *Die Kraft des Vertrauens. Von der Krankheit und Heilung des modernen Menschen*, ebd., 1990, 224 S., Pb.

Hollingsworth, Charles, *Ausgebrannt. Ein Pfarrer zwischen Scheitern und Neuanfang*, ebd., 1990, 174 S., br. (Erfahrungsbericht)

Knoblauch, Jörg, *Berufsstreß ade! 33 erprobte Strategien für den beruflichen Alltag*, ebd., 1991, 160 S., mit 80 Karikaturen von Tiki Küstenmacher, Pb.

ders., *Lernstreß ade! 33 erprobte Strategien für geistige Arbeiten*, ebd., 1991, 136 S., mit Karikaturen von Tiki Küstenmacher

Dieterich, Michael, *Hilfe bei Drepessionen* (mit einem kleinen Kapitel über Schlafstörungen), Brunnen Verlag, Gießen ^{4}1990, 24 S., br.